T0144050

Anti-Stress-Trainer

Reihe herausgegeben von
Peter Buchenau
The Right Way GmbH
Waldbrunn, Deutschland

Stress ist in unserem Privat- und Berufsleben alltäglich und ist laut WHO die größte Gesundheitsgefährdung im 21. Jahrhundert. Die durch Stress verursachten Krankheitskosten erreichten bereits jährlich die Milliarden-Euro-Grenze. Jeder Mensch ist aber verschieden und reagiert unterschiedlich auf Stress. Als Ursache lässt sich Stress nicht einfach und oft erst spät erkennen, sodass Prävention und Behandlung erschwert werden. Die Anzahl der durch Stress bedingten Erkrankungen nimmt folglich weiter zu, Ausfälle im Berufsleben sind vorprogrammiert. Die Anti-Stress-Trainer-Reihe setzt sich mit dieser Thematik intensiv in einem beruflichen Kontext auseinander. Initiator Peter Buchenau gibt Experten aus unterschiedlichen Branchen die Möglichkeit, für Ihr jeweiliges Fachgebiet präventive Stressregulierungsmaßnahmen unterhaltsam und leicht verständlich zu beschreiben. Ein kompaktes Taschenbuch von Profis für Profis, aus der Praxis für die Praxis. Leserinnen und Leser, egal ob Führungskräfte, Angestellte oder Privatpersonen, erhalten praxiserprobte Stresspräventionstipps, die in ihrem spezifischen Arbeits- und Lebensumfeld eine Entlastung bringen können.

Weitere Bände in der Reihe
http://www.springer.com/series/16163

Peter Buchenau · Stefanie Lehmann

Der Anti-Stress-Trainer für Studierende

Gelassen und erfolgreich zum Studienabschluss

Peter Buchenau
Waldbrunn, Deutschland

Stefanie Lehmann
Paderborn, Deutschland

ISSN 2730-6860   ISSN 2730-6879   (electronic)
Anti-Stress-Trainer
ISBN 978-3-658-32436-0   ISBN 978-3-658-32437-7   (eBook)
https://doi.org/10.1007/978-3-658-32437-7

Die Deutsche Nationalbibliothek verzeichnet diese Publikation in der Deutschen Nationalbibliografie; detaillierte bibliografische Daten sind im Internet über http://dnb.d-nb.de abrufbar.

Planung/Lektorat: Nora Valussi
Springer Gabler ist ein Imprint der eingetragenen Gesellschaft Springer Fachmedien Wiesbaden GmbH und ist ein Teil von Springer Nature.
Die Anschrift der Gesellschaft ist: Abraham-Lincoln-Str. 46, 65189 Wiesbaden, Germany

„Sei einzigartig, nicht perfekt!"

Mit diesem Zitat möchte Peter Buchenau den Druck nehmen, immer perfekt zu sein. Die Entwicklung des eigenen Charakters und persönliche Bedürfnisse sind viel wichtiger.

„Es gibt immer noch mindestens einen anderen Weg."
(Dr. med. Alexander S. Strassburg)

Eine Floskel, die für Stefanie Lehmann zum Axiom wurde.

Geleitwort von Carsten Lexa

In der heutigen Zeit ist Stress vermeintlich allgegenwärtig. Studierende beschleicht dieses Gefühl, wenn sie nach der Einschreibung bzw. nach den Semesterferien in den Hochschulbetrieb eintauchen. Vorlesungen, Tutorien, Sport, Verabredungen mit Freunden und mit der Lerngruppe, Zeit mit dem Partner und die Besuche bei den Eltern – mit der Zeit haben viele Studierende das Gefühl, dass für alle Aktivitäten irgendwie zu wenig Zeit übrig ist. Auf Dauer kann dies zu solchen Belastungen führen, die, auch wenn es paradox klingt, weitere Aktivitäten zum Erliegen bringen können.

Jedoch kann ich aus meiner eigenen Erfahrung sagen, und das nicht nur als Student, sondern auch als Lehrbeauftragter u. a. für Wirtschaftsrecht, dass grundsätzlich immer genügend Zeit da ist. Es bedarf jedoch einer gewissen Struktur, einer guten Selbstorganisation hinsichtlich der geplanten Aktivitäten, sowie einer gewissen körperlichen und seelischen Belastbarkeit, damit das Thema Stress nicht irgendwann den Studierendenalltag dominiert.

In dem vorliegenden Buch wird nicht nur erläutert, warum es genau genommen nicht immer gleich Stress ist, der Studierende belastet, woher Belastungen wie Stress eigentlich kommen und wie Belastungen reduzieren werden können. Dabei wird einerseits die erforderliche Theorie bezüglich der Entstehung von Belastungszuständen und den Reduzierungsmöglichkeiten dargestellt. Andererseits kommen aber auch Studierende zu Wort, mit denen die Autoren gesprochen haben und die von ihren eigenen Erfahrungen in Bezug auf Stress berichten. Diese werden dann in Handlungsempfehlungen eingebunden, sodass die Leser auf diesem Weg Tipps aus der Praxis für den Umgang mit Belastungen erhalten.

Studierende sind meiner Erfahrung nach besonders anfällig dafür, von den an sie gestellten Anforderungen überwältigt zu werden. Denn oftmals müssen sie für sich allein ihre eigene Strategie finden, um die Anforderungen, die das Studium an sie stellt, und das sonstige private Leben unter einen Hut zu bringen. Die Hilfen, die eine Hochschule dafür bereitstellt bzw. die aus dem Familien- oder Freundeskreis kommen, sind oftmals nicht ausreichend. Das vorliegende Buch bietet einen ehrlichen Blick auf die Situation von Studierenden und hilft ihnen strukturiert, mit dem Thema Stress besser umzugehen.

Carsten Lexa, LL.M.

Rechtsanwalt, Europajurist, Master of Law & Lehrbeauftragter

Botschafter des Großer Preis des Mittelstands

Weltpräsident G20 Young Entrepreneurs 2017

YouTube: www.youtube.com/Kanzlei-LexaDE

Geleitwort einer Studentin

Die „jungen Wilden" stellen die Welt auf den Kopf. Somit drehen auch wir den Spieß um und lassen in diesem Geleitwort die Studentin Jessica Knelz zu Wort kommen.

Nur die Liebe bringt Kraft, Hoffnung und den Sinn in das Leben. Sei Dir selbst jeden Moment bewusst: DU BIST HIER. Nimm Gutes an, sei auch gut! Schlechte Nachrichten lässt Du Dir einen Moment durch den Kopf gehen, akzeptierst was Dir Einsicht oder Erkenntnis bringt, und dann gehst Du mutig weiter. Merke: Nichts – das gestern war oder morgen ist – ist wirklich wichtig. Es ist eine Kopfsache, in der Tat frei zu sein.

Nur die Ruhe bewahren!
Danke.
Jessica Knelz, Studentin

Vorwort

Liebe Studierenden, zuerst einmal Danke, dass ihr dieses Buch nun in Händen haltet und zu mindestens bis hierhin aufgeschlagen habt. Das ist schon mal ein Erfolg für Dich und für uns. Warum für Dich? Du hast zumindest ein Grundinteresse, Dich mit dem Thema Druck, Stress oder Burn-out zu beschäftigen. Sonst hättest Du dieses Buch nicht in der Hand. Erfolg für uns, weil wir mit diesem Buch weiteren Studierenden die Möglichkeiten geben können, etwas gelassener und relaxter durchs Studium zu kommen, und das erfolgreich.

Was ist an diesem Buch anders? Dieses Buch wurde von euch geschrieben. Ja richtig und vornehmlich von Studierenden der Hochschule Karlsruhe – Technik und Wirtschaft. Seit über zehn Jahre halte ich dort als externer Dozent Lehraufträge zu den Themen Stressprävention für Studierende, Leadership von Morgen und Fit-for-Future. So habe ich im Rahmen der Abschlussarbeiten immer abgefragt: Wo drückt euch Studierende der Schuh? Was sind eure größten Stressoren oder vereinfacht gesagt, über was würdet ihr euch freuen, wenn es nicht mehr Teil eures Lebens, eurer Belastungen und eures Ärgers wäre? Über 400 Studierende konnte ich in meiner Dozententätigkeit begleiten und fast alle haben sich bereit erklärt, ihren Input in dieses Büchlein einzubringen. Natürlich findest Du nachfolgend nicht alle 400 Statements. Wir haben uns auf die wichtigsten Geschichten und die aus unserer Sicht emotionalsten und lehrreichsten Arbeiten konzentriert und in diesem Büchlein zusammengefasst. Die Beispiele zur aktiven Stressprävention sind also „live", wahre Geschichten, nicht gefakt, und zwar von Studierenden für Studierende. Deshalb ist es euer Buch und ich danke hiermit allen Studierenden von Herzen für ihre Mitarbeit. Ein sehr großer Dank geht auch an Stefanie Lehmann, die die Geschichten zusammenfasste, eigene Erfahrungen als Fernstudierende einfließen ließ, um dieses Buch in der jetzigen Form zu präsentieren.

Was bringt Dir dieses Büchlein?
Viele praktische Tipps zur Stressregulierung und Burnout-Prävention gerade im Studium. Auch viele schmackhafte Gerichte, die den Stresshormonen an den Kragen gehen. Stress hängt hauptsächlich von vier Faktoren ab, so viel sei hier schon verraten. Der erste Faktor ist alles, was direkt mit dem Studium zu tun hat, wie Lernpläne, Professoren oder auch die Infrastruktur. Der zweite Faktor ist die Ernährung. Viele Studierende ernähren sich falsch und verschenken Gehirnleistung und Speicherplatz. Der dritte Faktor ist die Bewegung, die leider bei vielen zu kurz kommt. Der vierte Faktor ist das soziale Umfeld. Es gibt also vier Faktoren, die Stress verursachen können, und somit auch vier Faktoren, die Stress regulieren können. Du hast es selbst in der Hand. Du musst es nur wollen und

entscheiden, ob eine Situation für Dich belastend oder anregend ist.

Nun wünsche ich Dir viel Spaß beim Lesen und Entdecken.

Herzliche stressfreie Grüße

Peter Buchenau

Hinweis zum Gendern

Um einen leichten Lesefluss zu gewährleisten, haben wir uns für die weit verbreitete Variante der männlichen Form entschieden. Auch das dritte Geschlecht ist angesprochen. Bitte fühl Dich, egal ob männlich, weiblich oder divers, herzlich eingeladen. Die bewusste Wahl für ein wertschätzendes und persönliches Du haben wir getroffen, weil viele Inhalte des Buchs von Studierenden für Studierende geschrieben wurden. Wir wünschen Dir von Herzen, dass Du einen ganz individuellen Weg mit den Inspirationen aus diesem Buch findest. Willkommen auf Deiner kreativen Reise zum Bachelorhut.

Inhaltsverzeichnis

Über die Autoren

Peter Buchenau, „Mr. Chefsache" und Experte für den privaten und beruflichen Neuanfang im deutschsprachigen Raum, ist ein Mann von der Praxis für die Praxis. Er gibt Tipps vom Profi für den Profi – unabhängig, ob Selbstständiger, Freiberufler oder Angestellter.

Früher war er selbst Manager und Geschäftsführer in namhaften Unternehmen wie Ciba-Geigy, MANOR, Unisys oder eine. Heute ist er Fach- und Führungskräftekünstler (Trainer, Berater, Coach, Redner), mehrfacher Autor und Herausgeber, Comedian und seit 2007 Dozent an Hochschulen mit den Themen Stressprävention für Studierende, Fit-for-Future sowie Future Leadership.

Peter Buchenau, im Juni 2020

Stefanie Lehmann studiert berufsbegleitend an der Apollon Hochschule der Gesundheitswirtschaft GmbH in Bremen. Sie ist Autorin des Anti-Stress-Trainers für

Fernstudierende und des ergänzenden Übungsbuchs zum Anti-Stress-Trainers für Fernstudierende.

Da junge Studierende an „normalen" Universitäten anders studieren als die häufig älteren Fernstudierenden berufsbegleitend an meist privaten Hochschulen, war es ihr ein Bedürfnis, mit Peter Buchenau gemeinsam ein kurzweiliges Buch für die „jungen Wilden" zu schreiben.

Stefanie Lehmann, im Juni 2020

1

Kleine Stresskunde: Das Adrenalinzeitalter

Das Konzept der Reihe

Möglicherweise kennst Du bereits meinen *Anti-Stress-Trainer* (Buchenau 2014). Dieses Kapitel greift darauf zurück, weil das Konzept der neuen Anti-Stress-Trainer-Reihe die Tipps, Herausforderungen und Ideen aus meinem Buch mit den jeweiligen Anforderungen der unterschiedlichen Ziel- und Berufsgruppen verbindet. Die Autoren, die jeweils aus ihrem Tätigkeitsprofil kommen, schneiden diese Inhalte dann für ihre Leser zu. Viel Erfolg und pass auf Dich auf und bleibe gesund.

Leben auf der Überholspur

Du lebst unter der Diktatur des Adrenalins. Du suchst immer den neuen Kick, und das nicht nur im Studium oder im beruflichen Umfeld. Selbst in der Freizeit, die Dir eigentlich Ruhephasen vom Alltagsstress bringen sollte, kommst Du nicht zur Ruhe. Mehr als 41 % aller Beschäftigten geben bereits heute an, sich in der Freizeit

© Der/die Autor(en), exklusiv lizenziert durch Springer
Fachmedien Wiesbaden GmbH, ein Teil von Springer Nature 2021
P. Buchenau und S. Lehmann, *Der Anti-Stress-Trainer für Studierende,* Anti-Stress-Trainer,
https://doi.org/10.1007/978-3-658-32437-7_1

nicht mehr erholen zu können – Tendenz steigend. Wen wundert es?

Anstatt sich mit Power Napping (Kurzschlaf) oder Extreme Couching (Gemütlichmachen) in der Freizeit Ruhe und Entspannung zu gönnen, macht die neue Gesellschaft 5.0 vermehrt Extremsportarten wie Fallschirmspringen, Paragliding, Extreme Climbing oder Marathon zu ihren Hobbys. Jugendliche ergeben sich dem Komasaufen, der Einnahme von verschiedensten Partydrogen oder verunstalten ihr Äußeres massiv durch Tattoos und Piercing, nur um in einer sozialen Gruppe dazugehören zu können. So hastest Du nicht nur mehr und mehr atemlos durchs Tempoland Freizeit, sondern auch durch das Studium und das Geschäftsleben. Ständige Erreichbarkeit, rund um die Uhr, überall, heißt die Lebenslösung. Die Digitalisierung und die mobile, virtuelle Kommunikation über die halbe Weltkugel bestimmen Dein Leben. Wenn Du heute Deine Nachrichten nicht überall online checken kann, wenn Du heute nicht auf Facebook, Instagram & Co. bist, dann bist Du out oder schlimmer noch, Du existierst nicht.

Klar, die Anforderungen im Studium und im Beruf werden immer komplexer. Die Zeit überholt Dich, engt Dich ein, bestimmt Deinen Tagesablauf. Unzählige Lerngruppen, viel Arbeit, ein Meeting jagt das nächste und ständig rasselt das Smartphone. Multitasking ist angesagt und natürlich willst Du so viele Dinge wie möglich gleichzeitig erledigen.

Schaue Dich doch mal in Arbeitsgruppen an der Uni bzw. in Meetings im beruflichen Umfeld um. Wie viele Angestellte in Unternehmen oder Studierende während der Vorlesungen beantworten in solchen Treffen gleichzeitig ihre E-Mails oder schreiben WhatsApp-Nachrichten? Kein Wunder, dass diese Menschen nur die Hälfte mitbekommen und Folge-Meetings notwendig sind oder schlimmer noch, im Studium ein weiteres Semester dank Prüfungen im Zweit- bzw. Drittversuch anhängen müssen. Ebenfalls kein Wunder, dass Dein Leben Dir davonrennt. Angst macht sich breit. Aber wie sagt schon ein altes, chinesisches Sprichwort: „Zeit hat nur der, der sich auch Zeit nimmt". Zudem ist es unhöflich, seinem Gesprächspartner nur halb zuzuhören.

Zu dem Gefühl, dass sich alles zum Besseren wendet, wirst Du mit dieser Einstellung nicht finden. Im Gegenteil: Alles wird noch rasanter und flüchtiger. Aber musst Du dafür Deine Grundbedürfnisse – Essen, Trinken, Schlafen, Fortpflanzen – vergessen? Wurdest Du mit Stress oder Burn-out geboren? Nein, sicherlich nicht. Wozu musst Du Dir dann den Stress antun?

Am Rande sei erwähnt, dass eine Studie der Techniker Krankenkasse aus dem Jahr 2017 zum Thema Gesundheit Studierender angab, dass 24,4 % aller Studierenden unter starkem Stress stehen und sich körperlich erschöpft fühlen. Oder mal anders ausgedrückt: Von den im Wintersemester 2019/2020 immatrikulierten 2,9 Mio. Studierenden in Deutschland zeigen 707.606 Studierende Symptome eines Burn-outs.

Zum Glück gibt es dazu das Adrenalin. Das Superhormon, die Superdroge der High-Speed-Gesellschaft. Bei Chemikern und Biologen auch unter $C_9H_{13}NO_3$ bekannt. Dank Adrenalin schuftest Du wie ein Hamster im Rad. Schneller und schneller und noch schneller. Sogar die Freizeit läuft nicht ohne Adrenalin. Der Stress hat in den letzten Jahren dramatisch zugenommen und somit auch die Adrenalinausschüttung in Deinem Körper.

Schon komisch: Da produzierst Du massenhaft Adrenalin und kannst dieses so schwer erarbeitete Produkt nicht verkaufen. Ja, nicht mal verschenken kannst Du es. In welcher feinen, unnützen Gesellschaft lebst Du denn überhaupt, wenn Du für ein produziertes Produkt keine Abnehmer findest?

Deshalb die Frage aus betriebswirtschaftlicher Sicht an alle Unternehmer, Führungskräfte und Selbstständigen und ja, auch an Dich: Warum produzierst Du ein Produkt, das Du nicht am Markt verkaufen kannst? Wärst Du mein Angestellter, würde ich Dich wegen Unproduktivität und Fehleinschätzung des Markts feuern.

Stress kostet Unternehmen und Privatpersonen viel Geld. Das ist nicht neu. Bereits in einer Studie der Europäischen Beobachtungsstelle für berufsbedingte Risiken (mit Sitz in Bilbao) vom 04.02.2008 leidet jeder vierte EU-Bürger unter arbeitsbedingtem Stress. Im Jahr 2005 seien 22 % der europäischen Arbeitnehmer von Stress betroffen gewesen, ermittelte die Institution. In einer weiteren Forschungsstudie „The 2015 Workforce View in Europe", die von der ADP, Anbieter von Human Capital Management (HCM), ermittelt wurde, gaben 44 % der Befragten an, dass Stress in ihrer Rolle am Arbeitsplatz ein ständiger Faktor ist und sie sich oft oder sehr oft gestresst fühlen. Tendenz steigend.

Abgesehen vom menschlichen Leid bedeutet das auch, dass die wirtschaftliche Leistungsfähigkeit der Betroffenen in erheblichem Maß beeinträchtigt ist. Das kostet Unternehmen bares Geld. Schätzungen zufolge betrugen die Kosten, die der Wirtschaft in Verbindung mit arbeitsbedingtem Stress entstehen, 2002 in den damals noch 15 EU-Ländern 20 Mrd. €. Im Jahr 2006 schätzte das betriebswirtschaftliche Institut der Fachhochschule Köln diese Zahl allein in Deutschland auf 80 bis 100 Mrd. €.

Inzwischen gehen 60 % der Fehltage auf Stress zurück. Stress ist mittlerweile das zweithäufigste, arbeitsbedingte Gesundheitsproblem. Nicht umsonst hat die Weltgesundheitsorganisation (WHO) Stress zur größten Gesundheitsgefahr im 21. Jahrhundert erklärt.

1.1   Was sind die Ursachen?

Die häufigsten Auslöser für den Stress sind der Studie der Europäischen Beratungsstelle für berufsbedingte Risiken zufolge unsichere Arbeitsverhältnisse, hoher Termindruck, unflexible und lange Arbeitszeiten, Mobbing und nicht zuletzt die Unvereinbarkeit von Beruf und Familie. Digitalisierung, neue Technologien und Medien, Materialien und Arbeitsprozesse bringen der Studie zufolge ebenfalls Risiken mit sich.

Meist leiden Menschen, die sich nicht angemessen wertgeschätzt fühlen und auch oft unter- bzw. überfordert sind, unter Dauerstress. Das betrifft u. a. Schüler und Schülerinnen, Studierende sowie Angestellte. Sie haben ein doppelt so hohes Risiko, an einem Herzinfarkt oder einer Depression zu erkranken. Anerkennung und die Perspektive, sich als Angestellte in einem sicheren Arbeitsverhältnis weiterentwickeln zu können, sind in diesem Umfeld viel wichtiger als nur eine angemessene Entlohnung. Diesen Wunsch vermisst man meist in öffentlichen Verwaltungen sowie Großkonzernen. Gewalt und Mobbing sind oft die Folge.

Gerade in Zeiten von Wirtschaftskrisen bauen Unternehmen und Verwaltungen immer mehr Personal ab. Hetze und Mehrarbeit aufgrund von Arbeitsverdichtung sind die Folge. Zieht die Wirtschaft wieder an, werden viele offene Stellen nicht mehr neu besetzt. Das Ergebnis: Viele Arbeitnehmer leisten massiv Überstunden; 59 % haben Angst um ihren Job oder ihre Position im Unternehmen, wenn sie diese Mehrarbeit nicht erbringen, so die Studie.

Weiter ist bekannt, dass Druck (also Stress) Gegendruck erzeugt. Druck und Mehrarbeit über einen langen Zeitraum führen somit zu einer Senkung der Produktivität. Gemäß einer Schätzung des Kölner Angstforschers

Wilfried Panse leisten Mitarbeiter schon lange vor einem Zusammenbruch 20–40 % weniger als gesunde Mitarbeiter.

Wenn Vorgesetzte und auch Lehrkräfte und Professoren in diesen Zeiten zudem Ziele schwach oder ungenau formulieren und gleichzeitig Druck ausüben, erhöhen sich die stressbedingten Ausfallzeiten, die dann von den etwas stressresistenteren Mitarbeitern aufgefangen werden müssen. Eine Spirale, die sich immer tiefer in den Abgrund bewegt.

Im Gesundheitsbericht der Deutschen Angestellten Krankenkasse (DAK) steigt die Zahl der psychischen Erkrankungen massiv an und jeder zehnte Fehltag geht auf das Konto stressbedingter Krankheiten. Gemäß einer Studie des Deutschen Gewerkschaftsbunds (DGB) bezweifeln 30 % der Beschäftigten, ihr Rentenalter im Beruf zu erreichen. Frühverrentung ist die Folge.

Hast Du Dich mal gefragt, wie viel Geld Unternehmen für durch Stress verursachte Ausfallzeiten bezahlen? Oder auf den einzelnen Menschen bezogen: Wie viel Geld zahlst Du für Deine Krankenversicherung und welche Gegenleistung bekommst Du von der Krankenkasse dafür?

Vielleicht sollten die Krankenkassen verstärkt in die Vermeidung stressverursachender Aufgaben und Tätigkeiten investieren, statt Milliarden unüberlegt in die Behandlung von gestressten oder bereits von Burn-out betroffenen Menschen zu stecken. In meiner Managerausbildung lernte ich bereits vor 30 Jahren: „Du musst das Problem an der Wurzel packen. Vorbeugen ist immer noch besser als reparieren".

Beispiel: Bereits 2005 erhielt die London Underground den Unum Provident Healthy Workplaces Award (frei übersetzt: den Unternehmensgesundheitsschutz-Präventionspreis) der britischen Regierung. Alle 13.000 Mitarbeiter der London Underground wurden ab 2003 einem Stressregulierungsprogramm unterzogen. Die Organisation wurde angepasst, die Vorgesetzten wurden auf Früherkennung und stressreduzierende Arbeitstechniken ausgebildet und alle Mitarbeiter über die Gefahren von Stress und Burn-out aufgeklärt. Das Ergebnis war verblüffend. Die Ausgaben, bedingt durch Fehlzeiten der Arbeitnehmer, reduzierten sich um 455.000 britische Pfund, was einem Return on Invest von eins zu acht entspricht. Mit anderen Worten: Für jedes eingesetzte britische Pfund fließen acht Pfund wieder zurück ins Unternehmen. Eine erhöhte Produktivität des einzelnen Mitarbeiters war die Folge. Ebenso verbesserte sich die gesamte Firmenkultur. Die Mitarbeiter erlebten einen positiven Wechsel in Gesundheit und Lifestyle.

Wann hören Unternehmer, Führungskräfte, Personalverantwortliche und Selbstständige endlich auf, Geld aus dem Fenster zu werfen? Diese Gruppen müssen sich deshalb immer wieder die Frage stellen, wie Stress im Unternehmen verhindert oder gemindert werden kann, um Kosten zu sparen und um somit die Produktivität und Effektivität zu steigern. Doch statt in Stresspräventionstrainings zu investieren, steht landläufig weiterhin die Verkaufs- und Kommunikationsfähigkeit des Personals im Fokus. Dabei zahlt sich, wie diese Beispiele beweisen, Stressprävention schnell und nachhaltig aus: Michael Kastner, Leiter des Instituts für Arbeitspsychologie und Arbeitsmedizin in Herdecke, beziffert die Rentabilität: „Eine Investition von einem Euro in eine moderne Gesundheitsförderung zahlt sich nach drei Jahren mit mindestens 1,80 € aus". Diese Überlegung sollten sich auch Hochschulen und Universitäten machen. Leider kenne ich nur ganz wenige Institutionen in Deutschland, die aktiv Stressprävention in ihren Lern- und Unterrichtsplänen integriert haben.

1.2   Überlastet oder gar schon gestresst?

Modewort Stress … Der Satz „Ich bin im Stress" ist anscheinend zum Statussymbol geworden, denn wer so viel zu tun hat, dass er gestresst ist, scheint eine gefragte und wichtige Persönlichkeit zu sein. Stars, Manager, Politiker gehen hier mit schlechtem Beispiel voran und brüsten sich in der Öffentlichkeit damit, gestresst zu sein. Stress scheint daher beliebt zu sein und ist immer eine willkommene Ausrede.

Es gehört heute zum guten Ton, keine Zeit zu haben, sonst könnte ja Dein Gegenüber meinen, Du tust nichts, bist faul, hast wahrscheinlich keine Arbeit oder bist einfach ein Versager. Überprüfe doch mal bei Dir selbst oder in Deinem unmittelbaren Freundeskreis und familiären Umfeld die Wortwahl: Die Mutter hat Stress mit ihrer Tochter, die Nachbarn haben Stress wegen der neuen Garage oder dem Baum, der auf das Nachbargrundstück ragt, der Vater hat Stress, weil er die Winterreifen wechseln muss, der Weg zur Arbeit ist stressig, weil so viel Verkehr ist, der Sohn kann nicht zum Sport, weil ihn die vielen Hausaufgaben stressen, der neue Hund stresst, weil die Tochter, für die der Hund bestimmt war, Stress mit ihrem neuen Freund hat – und dadurch keine Zeit, um mit dem Hund spazieren zu gehen.

Ich bin gespannt, wie viele banale Erlebnisse Du in Deiner Familie und in Deinem Freundeskreis entdeckst.

Gewöhnt sich Dein Körper und Geist an diese Bagatellen, besteht die Gefahr, dass wirkliche Stress- und Burn-out-Signale nicht mehr erkannt werden. Die Gefahr, in die Stressspirale zu geraten, steigt. Eine Studie des Schweizer Staatssekretariats für Wirtschaft aus dem Jahr

2000 untermauerte dies bereits damit, dass sich 82 % der Befragten gestresst fühlen, aber 70 % ihren Stress im Griff haben. Entschuldige meine provokante Aussage: Dann haben die Befragten keinen Stress.

Überlastung

Es gibt viele Situationen von Überlastung. In Medizin, Technik, Psyche, Sport etc. hören und sehen wir jeden Tag Überlastungen. Es kann ein Boot sein, das zu schwer beladen ist. Ebenso aber auch, dass jemand im Moment zu viel Arbeit, zu viele Aufgaben, zu viele Sorgen hat oder dass ein System oder ein Organ zu sehr beansprucht ist und nicht mehr richtig funktioniert. Das kann das Internet, das Stromnetz oder das Telefonnetz sein, aber auch der Kreislauf oder das Herz.

Die Fachliteratur drückt es als „momentan über dem Limit" oder „kurzzeitig mehr als erlaubt" aus. Wichtig ist hier das Wörtchen „momentan". Jeder von uns Menschen ist so gebaut, dass er kurzzeitig über seine Grenzen hinausgehen kann. Jeder von uns kennt das Gefühl, etwas Besonderes geleistet zu haben. Wir fühlen uns wohl dabei und sind meist hinterher stolz auf das Geleistete. Siehst Du das Licht am Horizont und bist Du Dir bewusst, welche Tätigkeit Du ausführen und zudem, wie lange Du an einer Aufgabe zu arbeiten hast, dann spricht die Stressforschung von Überlastung und nicht von Stress – also dann, wenn der Vorgang, die Tätigkeit oder die Aufgabe für Dich absehbar und kalkulierbar ist. Dieser Vorgang ist aber von Menschen zu Menschen unterschiedlich. Zum Beispiel fühlt sich ein Marathonläufer nach 20 km überhaupt nicht überlastet, aber der übergewichtige Mensch, der Schwierigkeiten hat, zwei Stockwerke hochzusteigen, mit Sicherheit. Für ihn ist es keine Überlastung mehr, für ihn ist es Stress.

1.3   Alles Stress oder was?

Stress … Es gibt unzählige Definitionen von Stress und leider ist eine Eindeutigkeit oder eine Norm bis heute nicht gegeben. Stress ist individuell, unberechenbar, nicht greifbar. Es gibt kein Allheilmittel dagegen, da jeder Mensch Stress anders empfindet und somit auch die Vorbeuge- und Behandlungsmaßnahmen unterschiedlich sind.

Nachfolgende fünf Definitionen bezüglich Stress sind richtungsweisend:

1. „Stress ist ein Zustand der Alarmbereitschaft des Organismus, der sich auf eine erhöhte Leistungsbereitschaft einstellt." (Hans Seyle 1936; ein ungarisch-kanadischer Zoologe, gilt als der Vater der Stressforschung)

2. „Stress ist eine Belastung, Störung und Gefährdung des Organismus, die bei zu hoher Intensität eine Überforderung der psychischen und/oder physischen Anpassungskapazität zur Folge hat." (Fredrik Fester 1976)

3. „Stress gibt es nur, wenn Sie ‚Ja' sagen und ‚Nein' meinen." (Reinhard Sprenger 2016)

4. „Stress wird verursacht, wenn du ‚hier' bist, aber ‚dort' sein willst, wenn du in der Gegenwart bist, aber in der Zukunft sein willst." (Eckhard Tolle 2002)

5. „Stress ist heute die allgemeine Bezeichnung für körperliche und seelische Reaktionen auf äußere oder innere Reize, die wir Menschen als anregend oder belastend empfinden. Stress ist das Bestreben des Körpers, nach einem irritierenden Reiz so schnell wie möglich wieder ins Gleichgewicht zu kommen." (Schweizer Institut für Stressforschung 2005)

Bei allen fünf Definitionen gilt es zu unterscheiden zwischen negativem Stress – ausgelöst durch im Geist unmöglich zu lösenden Situationen – und positivem Stress, der in Situationen entsteht, die subjektiv als lösbar wahrgenommen werden. Sobald Du begreifst, dass Du selbst über das Empfinden von freudvollem Stress (Eustress) und leidvollem Stress (Disstress) entscheidest, hast Du Handlungsspielraum.

Bei **positivem Stress** wird eine schwierige Situation als positive Herausforderung gesehen, die es zu bewältigen gilt und die Du sogar genießen kannst. Beim positiven Stress bist Du hochmotiviert und konzentriert. Stress ist hier die Triebkraft zum Erfolg.

Bei **negativem Stress** befindest Du Dich in einer schwierigen Situation, die Dich noch mehr als völlig überfordert. Du fühlst Dich der Situation ausgeliefert, bist hilflos und es werden keine Handlungsmöglichkeiten oder Wege aus der Situation gesehen. Langfristig macht dieser negative Stress krank und endet oft im Burn-out.

1.4   Burn-out – Die letzte Stressstufe

Burn-out … Als letzte Stufe des Stresses tritt der sogenannte Burn-out auf. Nun helfen keine Glücksspillen oder Präventionsmöglichkeiten mehr; jetzt muss eine langfristige Auszeit unter professioneller Begleitung her. Ohne fremde Hilfe kannst Du der Burn-out-Spirale nicht entkommen. Die Wiedereingliederung eines Burn-out-Klienten zurück in das Studium oder in die Arbeitswelt ist sehr aufwendig. Meist gelingt das erst nach mehreren Jahren Auszeit, oft auch gar nicht.

Nach einer Studie der Freiburger Unternehmensgruppe Saaman aus dem Jahr 2007 haben 45 % von 10.000 befragten Managern Burn-out-Symptome.

Die gebräuchlichste Definition von Burn-out stammt von Maslach & Jackson aus dem Jahr 1986: „Burn-out ist ein Syndrom der emotionalen Erschöpfung, der Depersonalisation und der reduzierten persönlichen Leistung, das bei Individuen auftreten kann, die auf irgendeine Art mit Leuten arbeiten oder von Leuten beeinflusst werden".

Burn-out entsteht nicht in Tagen oder Wochen. Burn-out entwickelt sich über Monate bis hin zu mehreren Jahren, stufenweise und fortlaufend mit physischer, emotionaler und mentaler Erschöpfung. Dabei kann es immer wieder zu zwischenzeitlicher Besserung und Erholung kommen. Der fließende Übergang von der normalen Erschöpfung über den Stress zu den ersten Stadien des Burn-outs wird oft nicht erkannt, sondern als normale Entwicklung akzeptiert. Reagiert der Betroffene in diesem Zustand nicht auf die Signale, die sein Körper ihm permanent mitteilt und ändert der Klient seine inneren oder äußeren Einfluss- und Stressfaktoren nicht, besteht die Gefahr einer sehr ernsten Erkrankung. Diese Signale können dauerhafte Niedergeschlagenheit, Ermüdung, Lustlosigkeit, aber auch Verspannungen und Kopfschmerzen sein. Es kommt zu einer kreisförmigen, gegenseitigen Verstärkung der einzelnen Komponenten. Unterschiedliche Forschergruppen haben auf der Grundlage von Beobachtungen den Verlauf in typische Stufen unterteilt.

Möchtest Du Dir das alles antun?

Leider ist Burn-out nicht nur in den meisten Firmen ein Tabuthema, sondern auch im Studium – die Dunkelziffer ist groß. Betroffene Studierende, Arbeitnehmer und Führungskräfte schieben oft andere Begründungen für ihren Ausfall vor – aus Angst vor negativen Folgen, wie zum Beispiel dem Verlust des Arbeitsplatzes oder schlimmer noch vor dem vermutlichen Gesichtsverlust bei Freunden und Verwandten. Es muss ein Umdenken stattfinden!

Wen kann es treffen? Theoretisch sind alle Menschen gefährdet, die nicht auf die Signale des eigenen Körpers achten. Vorwiegend trifft es einsatzbereite und engagierte Studierende und Mitarbeitende, Führungskräfte und Selbstständige. Oft werden diese auch von Vorgesetzten, Kollegen und Mitkommilitonen geschätzt, bewundert, vielleicht auch beneidet. Solche Menschen sagen auch nie Nein; deshalb wachsen die Aufgaben, und es stapeln sich die Arbeiten. Dazu kommt oft, dass sich Partner, Freunde und Kinder über zu wenig Zeit und Aufmerksamkeit beklagen.

Aus eigener Erfahrung kann ich sagen, dass der Weg zum Burn-out anfänglich mit kleinsten Hinweisen gepflastert ist, kaum merkbar, unauffällig, vernachlässigbar. Es bedarf einer hohen Achtsamkeit, um diese Signale des Körpers und der realisierenden Umwelt zu erkennen. Kleinigkeiten werden vergessen und vereinbarte Termine werden immer weniger eingehalten. Hobbys und Sport werden – wie bei mir geschehen – erheblich vernachlässigt. Auch mein Körper meldete sich Ende der 1990-Jahre mit leisen Botschaften: Schweißausbrüche, Herzrhythmusstörungen, schwerfällige Atmung und unruhiger Schlaf waren die Symptome, die anfänglich nicht von mir beachtet wurden.

Abschlusswort

Eigentlich ist Burn-out- oder Stressprävention für Studierende ganz einfach. Tipps gibt es überall und Zeit dazu auch. Du, ja Du, Du musst es nur tun. Wie einfach es gehen kann, zeigen Dir Praxisbeispiele von Studierenden, die ich in den vergangenen zehn Jahren an der Hochschule Karlsruhe begleiten durfte. Im Rahmen meines Lehrauftrags erarbeiten diese Studierenden für sich selbst individuelle Stresspräventionsmethoden für einen leichteren Studienerfolg. Viel Spaß, Inspiration und Umsetzungsstärke bei den nun folgenden Texten und Geschichten.

Ursachen erkannt, Gefahr gebannt?

Ist nach der kleinen theoretischen Einführung zum Thema Stress eine kleine Pause angesagt?

Pasta, Kartoffeln oder beides? Fitnessprinzessin Eva hat während ihres Studiums abwechslungsreiche schmackhafte Rezepte ausprobiert, die sie auch bei Instagram postet. Zwischen den einzelnen Kapiteln bieten wir Dir einen Ausflug zu fitnessgerechten, ausgewogenen kulinarischen Variationen – vegan, vegetarisch oder mit Fleisch, die sich an den Ernährungstrends von jungen Leuten orientieren. Die Rezepte findest Du als Begleitmaterial zum Buch unter www.coaching-lehmann.de/ast .

Literatur

Buchenau, P. (2014). *Der Anti-Stress-Trainer*. Wiesbaden: Springer.

Schweizer Institut für Stressforschung. (2005). Lehrgangsunterlagen zum dipl. *Stressregulationstrainer*. Kilian Schmid.

Selye (1936), zitiert nach Szabo, S., Yoshida, M., Filakovszky, J., Juhasz, G. (2017). "Stress" is 80 Years Old: From Hans Selye Original Paper in 1936 to Recent Advances in GI Ulceration. *Curr Pharm Des* 23:4029–4041. https://doi.org/10.2174/13 8161282366170622110046.

Sprenger, RK. (2016). *Die Entscheidung liegt bei dir!; Wege aus der alltäglichen Unzufriedenheit*. Frankfurt/New York: Campus Verlag.

Tolle, E., & Ifang, E. (2002). Leben im Jetzt, 14. Aufl. Goldmann Arkana. Arkana, München Vester F (1991) Phänomen Stress,12. Aufl. Dt. Taschenbuch-Verl., München.

2

Wie erleben Studierende ihren Stress?

Studierende haben besondere Ansprüche an sich selbst und ihr soziales Umfeld. Dementsprechend individuell ist auch der persönliche Stresspegel. Entdecke, auf welcher der zwölf Stufen des Burn-outs Du momentan stehst und hole Dir Hilfe, wenn Du im orangefarbenen oder gar im roten Bereich angekommen bist. Begreife, dass DU Dich in Angst versetzt, DU Dich darüber aufregst, dass die Professorin Perfektionistin ist. DU machst Dich krank bzw. verrückt. Schon die Stoiker vor etwa 2000 Jahren haben erkannt, dass nicht die Dinge die Menschen beunruhigen, sondern die Meinung, die die Menschen von den Dingen und Geschehnissen haben.

© Der/die Autor(en), exklusiv lizenziert durch Springer Fachmedien Wiesbaden GmbH, ein Teil von Springer Nature 2021
P. Buchenau und S. Lehmann, *Der Anti-Stress-Trainer für Studierende*, Anti-Stress-Trainer,
https://doi.org/10.1007/978-3-658-32437-7_2

2.1   Zentrale Themen, die euch bewegen

Welches ist Dein zentrales Thema, was Dich gerade beschäftigt? Möchtest Du Deine Thesis endlich abgeben oder die letzte Klausur im Drittversuch hinter Dich bringen?

Machst Du Dir Gedanken um Deinen Notendurchschnitt oder eine gut bezahlte Anstellung nach Deinem Studium? Möchtest Du vielleicht erst noch den Master anschließen oder ins Ausland gehen oder ein freiwilliges soziales oder ökologischen Jahr oder ein Traineeprogramm absolvieren?

Wünschst Du Dir mehr Freizeit, Zeit mit Deinen Freunden bzw. Deiner Familie? Sorgst Du Dich, ob Du mit dem Studierendenjob genug Geld verdienen kannst, um Dein Studium zu finanzieren? Oder beschäftigt es Dich, ob Du den Anforderungen Deiner Eltern gerecht werden kannst?

Schreibe Dir bitte auf, was Dich bewegt. Das ist der erste Schritt, um eine Lösung zu finden und damit Deinen Stresspegel deutlich zu reduzieren.

2.2   Rückblick von der Thesis – wenn ich heute nochmal von vorn anfangen würde

Beispiel

Klausuren schreiben konnte ich gut. Aber als meine Bachelorthesis anstand, hatte ich keinerlei Erfahrung mit wissenschaftlichen Texten. [...] Jetzt musste ich etwas leisten, was ich nicht konnte. Ich wusste auch nicht genau, wie ich anfangen sollte. Und deswegen habe ich erst mal gar nicht angefangen. Ich habe im ersten Monat der viermonatigen Bearbeitungszeit nur maximal acht Stunden für diese Thesis genutzt. Ich habe YouTube-Videos und Fernsehen geschaut [...]

Eva Nauerth, Studentin

Plötzlich bricht die vertraute Tagesstruktur weg

Im Gegensatz zu Fernstudierenden haben junge Studierende an Präsenzuniversitäten eine geordnete Struktur des Tages durch Präsenzvorlesungen, Übungsgruppen, Treffen mit Kommilitonen in der Mensa usw. Spätestens dann, wenn es auf die Bachelorarbeit zugeht, bricht dieser gewohnte Rhythmus weg. Durch die Coronapandemie hat sich an den Universitäten einiges verändert, doch der Vorteil eines klassischen Studiums ist und bleibt eine verhältnismäßig klare Struktur durch Veranstaltungen. Geht es dann auf die Bachelorarbeit zu, verändert sich einiges.

Beispiel

Mit jedem Tag wuchs der Druck, etwas zu arbeiten, aber ich verdrängte es. Dazu kam dann noch mein Hang zur Aufschieberei, der während der Vorlesungszeit durch den geregelten Tages- und Wochenablauf in Schach gehalten wurde. Als diese Struktur wegfiel, gab es nichts mehr, was das Aufschieben gehemmt hätte. Diese Kombination erzeugte einen konstanten negativen Stress, weil Realität und Wunsch sehr weit auseinanderklafften.

Eva Nauerth, Studentin

Wie geht ihr nun vor? Eure Schulzeit ist in den meisten Fällen noch nicht so lange her. Blickt zurück auf Stundenpläne, die ihr aus der Oberstufe kennt. Fertigt euch einen Wochenplan an. Los geht es mit den wichtigsten Veranstaltungen, Zeitfenstern zum Lernen in der Bibliothek oder mit Kommilitonen. Sucht auch nach Alternativen. Wer zu Hause nicht in Ruhe lernen kann, weil kleine Geschwister oder Mitbewohner stören, ging vor Corona oft in die Bibliothek zum Lernen. Wenn diese Möglichkeit wegfällt, dann ist es an der Zeit, kreativ zu werden. Bei gutem Wetter kannst Du Dir in der Natur einen ruhigen Platz suchen. Im Zweifelsfall mitten in der Stadt auf einem Friedhof, wenn im Park Fußball gespielt oder in Gruppen gegrillt wird. Schau, welche Möglichkeiten es für Dich gibt – vielleicht eine kleine Bücherei einer Kirchengemeinde? (Lehmann 2020)

Private Termine mit Sport und Freizeit dürfen in Deiner Zeitplanung nicht fehlen. Falls Du einen Nebenjob hast, dann plane auch diese Zeitfenster ein. Überlege Dir gut, ob Du während der heißen Phase der Bachelorarbeit Geld verdienen möchtest bzw. musst oder ob es Möglichkeiten gibt, Freiräume zu schaffen. Wer noch andere „Baustellen" hat, dem empfehlen wir die Kapitel aus dem Anti-Stress-Trainer für Fernstudierende. Hier liegt der Schwerpunkt der Zeitplanung darauf, dass das Studium nur ein winziger Teil der täglichen 24 h eines jeden Tages ist. Liebe „normale" Studierende an Präsenzuniversitäten, werdet euch bewusst, welchen Luxus, ihr gegebenenfalls habt. Habt Spaß, ihr „jungen Wilden" und genießt euer Studierendenleben. Wie Oma schon sagte: Der Ernst des Lebens bzw. die Routine des Arbeitsalltags kommt schneller auf euch zu, als euch lieb ist.

> Koste Dein Studium aus und lass Dich nicht hetzen! (Frank Arthaber, Student)

Alles im Leben hat seinen Grund, vertraue. (Jessica Knelz, Studentin)

Auch Jessica hat zum Ende ihres Studiums Höhen und Tiefen erlebt, von denen sie uns berichtet hat. Bei allem Ehrgeiz und dem Druck von außen hat sie sich trotzdem Zeit dafür genommen, was für sie wichtig ist. Das waren nicht nur ihr Studium und der Abschluss. Es folgt ihre Geschichte, in der sie teilweise auch das Lied von Tunnelblick von Tayfun089 zitiert.

Beispiel

„Wie schwer können Probleme nur wiegen? Ich bleibe am Boden und versuche zu fliegen. Last auf den Schultern, Schmerz in der Brust. Wenn du siehst, was passiert, vergeht dir die Lust. Du siehst Zeichen, doch kannst du sie deuten? Der größte Verrat passiert unter Freunden. Wie tief kann man sinken, ohne zu ertrinken? Um Liebe zu finden, muss Hass erst verschwinden. Du machst dich selbst kaputt aber merkst es nicht. Lieber lügen, weil die Wahrheit dir zu schmerzhaft ist. Und wenn man dir sagt, was du falsch machst – Angriff. Sagst du änderst dich morgen, aber du machst nichts. Was ist los, du belügst dich nur selbst. Ich versuche dir zu helfen, auch ich bin kein Held. Habe selber viele Fehler, muss vieles noch lernen. Das Leben wird schwerer. Je älter du wirst, desto klarer die Sicht. Es ist krank, ich kann meiner Mutter keine Liebe zeigen, doch innerlich weiß ich, ich werde nie an dieser Liebe zweifeln. Ich habe sie weiß Gott tief in mir drin, doch kann nicht drüber reden, suche den tieferen Sinn. Das Leben zu verstehen wird ein Leben lang dauern. Ein Leben lang Krisen, ein Leben lang trauern. Als Kind zu aggressiv in scheiße vertieft. Blicke zurück und merke, wie scheiße es lief. Ich bereue nichts, doch freue mich zu sehen, dass es besser wird. Wir haben es besser als die meisten hier, aber wollen es nicht begreifen. Wir sind krank durch Konsum, krank durch das Fernsehen. Neunzig Prozent der Märchen darfst du nicht ernst nehmen. Je älter du wirst desto klarer die Sicht. Ich nehme die letzte Kraft, die ich habe: Stehe grade. Bin ein ehrlicher Mensch, auch wenn ich es dadurch schwer

> habe. Und ich merke gerade, wie ein Stein dort wächst, wo ich mein Herz trage."
> — Tunnelblick, Tayfun 089

Diese Zeilen von Tunnelblick, Tayfun 089 haben nicht nur Jessica nachdenklich gemacht. Sie hat innegehalten und STOP gesagt, bevor es zu viel wurde. Schau bitte auf die zwölf Stufen des Burn-outs, die die Psychologen Freundenberger und North erforscht haben (Abb. 2.1). Überlege, wo Du Dich gerade befindest. Bist Du noch im grünen Bereich oder wird es schon gelb, orange oder gar rot?

1. Hast Du das Gefühl, Du musst Dich beweisen, um vor Deinen Eltern, den Kommilitonen und Freunden gut dazustehen?

12 Stufen bis zum Burn-out

12 Völlige Burn-out-Erschöpfung
11 Depression
10 Innere Leere
09 Verlust der eigenen Persönlichkeit
08 Persönliche Verhaltensveränderung
07 Rückzug aus dem Leben
06 Verleugnung von Problemen
05 Umdeutung von Werten
04 Verdrängung von Bedürfnissen
03 Vernachlässigung von Bedürfnisse
02 Verstärkter Einsatz
01 Zwang sich zu beweisen

PETER BUCHENAU

Abb. 2.1 Zwölf Stufen bis zum Burn-out (in Anlehnung an Freudenberger und North (1992), adaptiert für junge Wilde)

2. Bekommt Du „alles" doch irgendwie hin, wenn Du mehr für die Uni arbeitest und dafür auf die Stunde Sport bzw. die Pokémon-Raids oder den Kochabend mit Deinen Kommilitonen verzichtest?

3. Verhandelst Du mit Dir, wie viel Schlaf Du eigentlich brauchst, ob auch sieben Stunden reichen, statt bisher acht? Ist das gemeinsame Kochen plötzlich nicht mehr wichtig, weil auch eine Tiefkühlpizza zum Sattwerden reicht? Nerven einige Mitmenschen so, dass es jetzt genau der richtige Zeitpunkt ist, den Kontakt einzuschränken oder besser ganz abzubrechen?

4. Habt ihr Stress in eurer WG oder Du mit Deinen Eltern? Geht es um alltägliche Dinge wie Küchendienst oder andere banale Dinge? Hast Du manchmal ein ungutes Gefühl, vielleicht Angst oder Panik und wirst nervös, etwas nicht zu schaffen?

5. Ist vielleicht jetzt genau der richtige Zeitpunkt, um mit dem überflüssigen Unisport aufzuhören? Nervt es Dich nur noch und Du bist froh, den Kurs im nächsten Semester nicht nochmal belegen zu müssen? Kommen Gedanken in Dir auf, dass Deine Eltern recht haben könnten, dass Pokémon-Raids reine Zeitverschwendung sind oder Du nicht dreimal in der Woche ins Fitnessstudio fahren musst und stattdessen auch eine halbe Stunde Joggen am Freitag reicht? Bleibst Du am Wochenende in Deinem Studierendenzimmer, statt nach Hause zu fahren, um endlich mal in Ruhe arbeiten zu können?

6. Mal ehrlich, sind Deine Kommilitonen nicht viel zu dumm, zu faul oder disziplinlos? Nervt es Dich, dass die am Freitag schon wieder eine Party machen? Macht Dich das aggressiv oder wirst Du zynisch? Vielleicht denkst Du daran, denen endlich mal Deine Meinung zu sagen? Ist das nicht schon lange überfällig?

7. Endlich Ruhe? Der Stress belastet Dich und Du genießt die Möglichkeit, am Wochenende in Ruhe zu lernen, wenn die anderen unterwegs sind? Zum Schlafen greifst Du eventuell zu einem guten Glas Wein oder einer halben Schlaftablette? Deine Nackenverspannung ist zudem so stark geworden, dass Dir Dein Arzt ein Medikament zur Muskelentspannung verschrieben hat, damit die Kopfschmerzen durch verhärtete Muskulatur nicht so stark sind?

8. Es ist an der Zeit, sich Gedanken zu machen, wenn Dich Deine Mitbewohner, Eltern oder Freunde vielleicht darauf ansprechen, dass Du in der letzten Zeit komisch bist, Dich verändert hast und gar nicht mehr mit den anderen Partys feierst, den Sport ausfallen lässt und die Familienfeiern als überflüssig betrachtest. Sicherlich hast Du gute Gründe für Dein Verhalten, doch Deine Mitmenschen machen sich Sorgen um Dich.

9. Was ist Dein Leben als Student oder Studentin noch wert? Bist Du im Hamsterrad, nur noch in der Pflichterfüllung, für die nächste Klausur zu lernen, die Bachelorarbeit endlich anzufangen und auch sonst alle Pflichten zu erfüllen, die an Dich als Student oder Studentin tagtäglich gestellt werden?

10. Hast Du das Gefühl, innerlich leer und ausgepowert zu sein? Versuchst Du das zu kompensieren? Durch mehr Schokolade, Chips oder Süßigkeiten als Belohnung? Fastfood, statt selbst zu kochen? Alkohol? Schnell mal am Wochenende ein Mädchen abgeschleppt? Oder hast Du auf Sex gar keine Lust mehr und findest tägliche Selbstbefriedigung deutlich entspannter? Bei körperlicher Zuneigung wird das Kuschelhormon Oxytocin freigesetzt, dass dafür sorgt,

dass Dein Kortisolspiegel sinkt und Du entspannter bist.

11. Fühlst Du Dich unsicher und verloren? Erschöpft und ausgepowert? Hat Dein Studium überhaupt noch einen Sinn? Kannst Du die Erwartungen Deiner Eltern sowieso niemals erfüllen und Deine Profs nerven nur noch mit ihren Hausarbeiten, die ohne Sinn für Dich sind? Kannst Du Dich gar nicht mehr aufraffen, Deine Bachelorarbeit zu schreiben oder für eine Klausur zu lernen? Allerspätestens jetzt ist es an der Zeit, Dir darüber klar zu werden, dass Du am Ende der Fahnenstange angekommen bist und Hilfe brauchst.

12. Der totale körperliche und seelische Zusammenbruch steht Dir unmittelbar bevor. Es wird Zeit, STOP zu sagen und Dir professionelle Hilfe zu holen. Erste Anlaufstelle kann Dein Hausarzt sein. Oder vertraue Dich Freunden oder Deinen Eltern an, damit sie Dir helfen, den vollständigen Zusammenbruch eventuell doch noch zu verhindern. Mehr zum Thema „Bitte um Hilfe" findest Du in Kap. 5.

Hast Du diese zwölf Punkte aufmerksam gelesen? Bitte überleg Dir, wo Du im Moment stehst. Je höher Du schon geklettert bist, desto mehr ist es an der Zeit, innezuhalten und zu schauen, wie Du Deinen Stresspegel deutlich reduzieren kannst.

Befindest Du Dich mindestens bei Stufe 6 oder 7, empfehlen wir Dir, professionelle Hilfe zu suchen. Hast Du schon Stufen darüber erreicht, dann werde Dir darüber bewusst, dass Du Dich in einen Teufelskreis des Burn-outs hineinmanövriert hast. Es ist an der Zeit, innezuhalten!

Energieschub gefällig, nach so viel Burn-out-Phasen?

Nach so viel energieraubenden Burn-out-Phasen eine Energieschub gefällig? Ob nun Superfood oder Klassiker wie Kurkuma (oder auch andere Gewürze) bzw. Linsen als natürliche Proteinquelle, vielleicht schmeckt Dir jetzt eine Kombination aus klassischen Grundzutaten mit orientalischem Topping? Als Begleitmaterial zum Buch stellt Fitnessprinzessin Eva unter www.coaching-lehmann.de/ast

das Rezept „Kurkumareis meets Linsenpatties" zur Verfügung.

Beispiel

Jessica Knelz, Studentin
Deine Erfahrungen machen Dich zu dem, der Du bist. Ich denke, diese Zeilen beschreiben sehr gut die Situationen, in denen ich mich befunden habe. Sie beschreiben, was ich durchlebt und hinter mir gelassen habe. Die zwölf Stufen des Burn-outs sind ein guter Anhaltspunkt, um anzu-fangen, den Ausgang aus diesem Teufelskreis zu finden. Es ist wichtig, zu wissen, wo man sich derzeit im Leben befindet. Und folglich, wohin es gehen soll. Denke darüber nach, was Du aus Deinem Leben tun möchtest. Wo willst Du einmal stehen? Setze Dir Meilensteine und fange klein an.

„Jeder Tag ist eine neue Chance das zu tun, was Du möchtest. Wer hohe Türme bauen will, muss lange beim Fundament verweilen."

Ich bin ein Mensch mit vielen Interessen. Ich will alles. Und stur bin ich auch. Und dann nehme ich mir dies vor und das, das will ich auch machen und eigentlich glaubst Du, dass, wenn Du dran bleibst, auch alles funktioniert – doch dann kommen immer diese Momente, in denen Du vielleicht einfach nichts dafür kannst und sie stehen Dir im Weg. Vielleicht sind es Blockaden in Dir, Deine Kraft, vielleicht sind es aber auch Deine Familie oder Deine Freunde, die Dir gerade einen Stein vor die Füße legen. Und dann fängt es an, dann gibst Du vielleicht auf. Du machst entweder weiter oder Du gibst auf. Und es folgt dieses Gefühl der Enttäuschung. Du bist enttäuscht von Dir selbst, Du bist enttäuscht von dem und Dir und eigentlich wolltest Du der Beste sein aber musst Dir eingestehen, nicht der Beste zu sein. Obwohl Du es doch geworden wärst – wäre alles nur nach Plan gelaufen. Jaja, dieses Leben. Es wird Dir immer etwas im Weg stehen. Ohne Tief kein Hoch, nur verdammt wie tief denn noch und wann geht es wieder aufwärts? Ich glaube an Karma. Vielleicht sogar zu sehr, aber ich denke, dass Dein Glauben eine große Rolle spielt. Ich habe gelesen, man soll die Dinge, die passieren, nicht infrage stellen, sonst verleugne man den Fluss des Lebens; man unterstelle Gott, er hätte seinen Job nicht richtig oder gut genug getan. Dabei hat alles seinen Grund. Ich hatte schon ein paar Male das Gefühl, dass endlich alles Sinn macht, das Gefühl zu verstehen, was hier eigentlich abgeht. Wie wenn sich ein Kreis schließen würde und ab gehts zum nächsten Puzzle. Und klar brauchst Du für dieses Spiel Deine Strategie. Aber verlier Dich nicht in ihr, sondern habe immer Dein Ziel vor Augen, Deine Vision. Ja, Herr Buchenau hat Recht gehabt; viele verlieren sich im Weg. Ich glaube auch, in den Jahren ein wenig von meiner Überzeugung verloren zu haben. Ich erinnere mich noch genau an den Tag, als ich meinte, erleuchtet worden zu sein. Es war alles so klar. Als hätte ich mein Leben im Rück- und gleichzeitig im Vorfeld gesehen. Eine Vision, in der ich sah, was auf mich wartet, wenn ich durchhalte. Irgendwann nur fing ich an den Haken zu suchen. Damals so sicher, und heute ängstlich vor Enttäuschungen. Ich weiß, man soll keine Angst haben. Es gibt so etwas wie eine Anziehungskraft. Denkst Du an Gutes, bekommst Du es. Hast Du ein schlechtes Gefühl, bestätigt sich es. Es ist wie dieser Tag, an dem Du „mit dem falschen Fuß" aufgestanden bist und daraufhin Ärger auf Ärger auf Ärger folgt. Also Vertrauen ist wichtig. Und der Ursprung liegt im Selbstvertrauen. Lasse Dich niemals unterkriegen. Glaube immer an Dich selbst. Glaube an das Gute. Sei Dein größter Fan. Denn am Ende kommt es ganz allein auf Dich an. Menschen gehen ihre Wege. Klammere Dich nicht an andere, sondern sei sicher, die richtigen Schritte zu gehen. Ich war fünfzehn als meine Mutter mich das erste Mal vor die Tür setzte, weil sie sich zu stolz war für so etwas wie „Entschuldigungen" oder Einsichten, vielleicht doch einen Fehler gemacht zu haben. In den folgenden drei Jahren zog ich weitere zwei Male wieder bei ihr ein, was allerdings nie lange funktionierte und ich deshalb insgesamt zweieinhalb Jahre bei meiner Oma auf der Couch lebte. Zu dieser Zeit machte ich auch mein Abitur. Es war wirklich hart für mich. „Das Leben sei Dein Spiegel", aber wieso nur passiert das, das oder das? Was soll ausgerechnet ich daraus lernen?

Es gibt Dinge, die sollte man ruhen lassen. Sich ewig an den Kopf zu fassen, bringt meist nichts. Du musst Distanz bewahren und offen sein für Neues. Vertraue und Du wirst Hilfe kriegen. Irgendwie treten Situationen oder Menschen in Dein Leben, aus denen Du Dir eine neue Perspektive ziehen kannst. Du bleibst nicht Dein Leben lang in demselben Loch. Du fällst vielleicht in das eine, denkst wieder draußen und in Sicherheit zu sein und ehe Du gucken kannst, fällst Du in das nächste Tief. Ja, so kann das laufen. Vielleicht aber musst Du Deine Augen auf machen und es ist das, was Dir das Leben zeigen will. Vielleicht siehst Du den Wald vor lauter Bäumen nicht. Du weißt, Du musst etwas ändern; an Deiner Situation, an Dir oder an Deinem Umfeld. In den meisten Fällen bist es aber Du, der Dir im Weg steht. Schiebe die Schuld nicht auf andere, weil sie Dich nicht warnen konnten. Sie hatten etwas anderes zu tun. Am Ende musst Du Dich immer nur auf Dich selbst verlassen können.

Jeder Mensch hat sein Päckchen zu tragen. Finde raus, was Deines ist
Verzeihe, vergebe allen. Am besten auch Dir selbst. Lasse einfach los. Irgendwann kommt man an den Punkt, an dem man loslassen muss. Ich will loslassen. Denn Du bist nur, was Du tust, und nicht, was Du mal getan hast. Ruhe Dich auch nicht auf dem aus, was Du schon alles geschafft hast.

Sondern ziehe weiter. Weiter in die nächste Schlacht. Und gewinne.

Denke an Leichtigkeit. Höre auf Deine Intuition
Geh raus, habe Spaß. Suche Dir Deine Glücksgefühle. Singe laut Lieder, die Dich an etwas Schönes erinnern und Dir Hoffnung schenken und Dein Herz auftauen lassen. Erinnere Dich selbst immer wieder an diese schönen Tage und lasse sie nicht in Vergessenheit geraten. Verliere nie das Glück vor Augen.
   Jessica Knelz, Studentin

Wie sehen Deine Erinnerung an wunderschöne Momente aus? Wann warst Du sehr glücklich? Welche Erfolge konntest Du feiern? Was ist Dir besonders gut gelungen? Aus Jessicas Beschreibung ist gut zu erkennen, dass nicht immer alles so verläuft, wie Du es Dir vorstellst. Im Nachhinein fällt auf, an welcher Stelle man anders hätte handeln können. Doch in dem Moment war das nicht möglich. Daher ist es kontraproduktiv, hier verpassten Chancen und Möglichkeiten nachzutrauern. Wie kommst Du aus dieser Spirale wieder heraus? Hast Du Dich in den ersten Stufen eingeordnet, so hast Du gute Möglichkeiten, Dir selbst zu helfen. Nutze täglich ein paar Minuten für Dich, um Dich und Dein Verhalten zu hinterfragen.

Werde kreativ und überleg Dir Alternativen: Was ist Dir wichtig in Deinem Leben? Wonach ruft Dein Herz? Ein ruhiges Wochenende mit Freunden oder Deinen Eltern und guten Gesprächen oder ein Abend mit Dir allein und einem guten Buch helfen Dir vielleicht, Dich zu hinterfragen, was Dir in Deinem Leben lieb und wichtig ist. Wofür brennt Dein Herz?

Es gibt viele Möglichkeiten, sich zu besinnen und darauf zu schauen, wie Du Dein Leben gestalten möchtest. Jessica hat den Weg gewählt und sich das Buch *Mach, was dein*

Herz dir sagt genommen. Steffi ist für drei Tage ins Kloster gefahren und war für niemanden erreichbar. Michaela hat sich bei ihrer besten Freundin einmal so richtig ausgeweint und mit ihr auf dem Sofa einen Mädelsabend verbracht. Axel war zelten, hat sich in seinen Thriller vertieft und ist am Waldsee nachts bei Mondlicht schwimmen gegangen. Manuela war mit dem Rucksack unterwegs. Pilgern hat sie es nicht genannt, sie war wandern. Caro und Olaf sind zum Klettern gefahren. Thorsten war mal wieder Radfahren – 63 km. Michael hat seine Freundin zum Essen eingeladen, ihr gesagt, wie wichtig sie ihm ist und dass er Unterstützung braucht für die Zeit der Bachelorarbeit. Tom hat eine wilde Party mit seinen Kumpels gemacht, sich ordentlich die Kante gegeben, um danach tatsächlich für die Thesis seine achtwöchige Fastenzeit zu beginnen und auch durchzuhalten – ohne Mädchen und ohne Saufen am Wochenende. Wie sieht Dein Weg aus?

> **Beispiel**
>
> *Zeige Dankbarkeit.*
> Fülle einen Monat lang jeden Abend vor dem Schlafen gehen den Satz „Ich bin dankbar für ..." und denke darüber nach. Es lässt Dich wieder an die guten Dinge im Leben denken. Halte Dir diese vor Augen und Dein Leben wird deutlich positiver auf Dich wirken. Denn alles ist abhängig von Deinem Blick auf die Welt. Urteile also nicht, sondern bedanke Dich für diese, die Du hast und lasse auf Dich zukommen, was Deine nächste Challenge sein soll. Woraus wirst Du noch lernen sollen? Denke zukunftsorientiert und tausche das Wort Wieso beim nächsten Mal mit Wozu aus und Du wirst auf andere Gedankengänge stoßen. Nicht mehr Vergangenheit, sondern zukunftsorientierte Gedanken sollst Du haben. Finde heraus, wer Du bist und was Du kannst, egal ob Du diese Anerkennung von außen bekommst oder nicht. Du brauchst sie nicht, solange Du es selbst weißt. Erkenne Dich selbst an. Nur Du bist verantwortlich, was aus Deinem Leben passiert. Nimm diese Verantwortung in die Hand und ab heute wirst

Du bestimmen können. *Visualisiere.* Wenn es Dir schwer-
fällt, Dich an Deine Ziele zu erinnern, dann hänge sie Dir
an Deine Wand. Du sollst wissen, wofür Du Deinen Tag
lebst. Ich denke, dass Burn-out-Erkrankte eine schwere
Vergangenheit haben und die Perspektive ändern sollten.
Du bist nicht allein. Lese Dich in das Thema der Resilienz
ein und Du wirst verstehen, dass genau wir die mit dem
meisten Potenzial sind, die es weit im Leben schaffen
können, indem wir den Glauben an uns selbst nicht verlieren.

Jessica Knelz, Studentin

Wenn Jessica schreibt, alles ist abhängig von Deinem Blick
auf die Welt, dann heißt das auch, dass Du jederzeit das
Beste aus Deinen Lebensumständen für Dich machen
kannst. Wie ist das gemeint? In einem alten Klassiker
zum Thema Lebenshilfe findest Du Antworten. Wolf und
Merkle stellen fest, dass man fühlt, wie man denkt (Wolf
und Merkle 1993, S. 13). Also es ist nicht der Professor
oder der Tutor, der Dir Angst macht, sondern DU.

DU versetzt Dich in Angst. DU regst Dich darüber auf,
dass die Professorin Perfektionistin ist. DU machst Dich
krank bzw. verrückt.

Wolf und Merkle verweisen auf die Lehre der Stoiker
vor etwa 2000 Jahren:

Nicht die Dinge beunruhigen die Menschen, sondern ihre
Meinung über die Dinge.

Was bedeutet das für Dich? Jessica hat ihren Weg
gefunden damit umzugehen.

Beispiel

Glaube an das Gute.
Lache. Wenn Du nicht weiterweißt, fange an zu lachen.
Es bringt Dich auf andere Gedanken. Erst jetzt war ich in

dieser Situation. Noch die Nacht zuvor träumte ich, mein Auto würde stehen bleiben. Am nächsten Morgen fuhr ich los und nach einer halben Stunde blieb mein Auto stehen. Und zwar knappe 100 m vor dem ADAC. Ich habe gelacht. Was blieb mir auch anderes übrig? Was hätte es mir gebracht, mir meine und die Laune anderer zu verderben? Klar macht man sich zuerst seine Gedanken, aber orientiere Dich nach dem nächsten Schritt. Was könnten Lösungswege sein? Und höre auf, aggressive Musik zu hören. Oder den Trauersong in Dauerschleife. Es ist klar, dass das nicht dazu beitragen kann, Dich auf bessere Ideen zu bringen. Mache Sport, um Deine Energie auszugleichen. Spreche mit Freunden über Dein Problem. Aber tue es nur einmal. Sobald Du immer und immer wieder einen Freund um Rat bittest, musst Du vielleicht verstehen, dass er nicht derjenige ist, der Dir aus dieser Patsche raushelfen kann. Verhindere, im Selbstmitleid zu ertrinken und den anderen auf schlechte Gedanken zu bringen. Lerne, allein aus Deinem Loch zu kommen. Aber wenn Du siehst, dass da oben jemand ist, der Dir die Hand reichen kann, dann bitte ihn um Hilfe. Verstehst Du den Unterschied? Was mir auch sehr hilft, ist das Zählen der Sekunden des Einatmens und Ausatmens. Wenn Du 21, 22 ein und 23, 24, 25, 26 ausatmest, regulierst Du Deinen Puls und beruhigst Körper und Geist. Mache dies, sobald Du merkst, gleich geduldig an etwas rangehen zu müssen, weil zum Beispiel Dein Gegenüber nicht versteht, was Du von ihm willst. Oder Du Angst vor einer Klassenarbeit hast und sich Deine Gedanken ständig um Deine Versagensängste drehen. Stelle Dich nicht in den Kampf, sondern kämpfe für den Frieden. Und lasse niemals zu, Dein Herz zu Stein werden zu lassen.

Jessica Knelz, Studentin

Möchtest Du spielerisch an Deinen Themen arbeiten? Möchtest Du wie ein Kind hinterfragen? Du könntest das Warum-Spiel spielen, mit dem Du vielleicht schon als Kind Deine Eltern und Lehrer auf die Palme gebracht hast. Oder gehe es vielleicht wissenschaftlich fundierter an und schaue auf Heuristiken und Problemlösungsstrategien. In der Literatur zur allgemeinen bzw. zur Lernpsychologie wirst Du fündig, wie zum Beispiel bei Myers et al. (2014, S. 369).

2.3   Entwickle Deine eigenen Ideen

Nachdem Du gelesen hast, was Kommilitonen wie Jessica bewegt, werde selbst kreativ. Was möchtest Du verändern? Was willst Du erreichen? Was hast Du geplant für die nächste Zeit? Welche Ideen hast Du? Wo kommst Du nicht weiter? Hast Du Ideen, wer Dir gegebenenfalls helfen kann? Oder kannst Du zumindest genau benennen, was Dich daran hindert, etwas zu tun?

Wenn Dich gesundheitliche Beschwerden belasten, dann schreib Dir bitte genau auf, was es ist. Was tut Dir weh? Welche Beschwerden hast Du genau? Hast Du dazu schon einen Arzt oder Therapeuten befragt? Gibt es Kommilitonen, denen es genauso geht? Wie lösen andere das Problem? Würde das auch bei Dir funktionieren? Wichtig ist, dass Du benennen kannst, was Du brauchst.

Schreib Dir bitte auf, was Dich bewegt. Das ist der erste Schritt zu Deiner individuellen Lösung. Du wirst merken, dass sich viele Probleme in Luft auflösen, wenn Du sie klar benannt hast. Du findest schneller zu kreativen Lösungen, wenn Du weißt, wonach Du suchst. Wenn Du weißt, wonach Du fragen kannst, dann ist es einfacher, Unterstützung zu bekommen.

Wie spielst Du das Warum-Spiel? Manchmal ist es nicht so schlau, nach dem Warum zu fragen. Chong et al. (1995) haben dazu ein ganzes Buch geschrieben. Wenn Du Freude daran hast, bilde Dir Dein eigenes Urteil.

Du kannst Dich auch von Abwehrmechanismen nach Anna Freud (Freud 2012) inspirieren lassen und schauen, wie Du Dich möglicherweise limitierst. Im Neuro-Linguistischen Programmieren (NLP) heißt das Stichwort dazu: Arbeit mit Glaubenssätzen. Eine kurze Zusammenfassung aller Abwehrmechanismen findest Du auch bei Gerald Mackenthun (2018).

Byron Katie (Katie 2020) hat unter dem Stichwort „The Work" ihre Methode erklärt, Gedanken zu analysieren, die in Deiner Welt Leid verursachen. Nutze die Chance, werde kreativ und hinterfrage. Entweder mit einem Hauch von Spiritualität oder wissenschaftlich.

Hunger auf Süßes?

Nachdem ihr nun eine Zusammenfassung gelesen habt, was Mitstudierende bewegt, und Anregungen sammeln konntet, was Mitstreiter anders machen würden, wenn sie nochmal ins Studium starten, hier eine süße Pancake-Variation von Fitnessprinzessin Eva.

Vegan oder vegetarisch? Süß in verschiedene Variationen? findest Du als Begleitmaterial zum Buch unter www.coaching-lehmann.de/ast.

Literatur

Chong, D. K., Smith-Chong, J. K., & Chong, J. K. S. (1995). *Frag nicht warum: Zur Struktur der Wirklichkeit und der Erweiterung unserer Fähigkeiten.* Paderborn: Junfermann.

Freud, A. (2012). *Das Ich und die Abwehrmechanismen* (22. Aufl.). Frankfurt a. M.: Fischer Taschenbuch.

Freudenberger, H. J., North, G., Herbst, G. (1992). *Burn-out bei Frauen: Über das Gefühl des Ausgebranntseins*. Frankfurt a. M.: Krüger.

Katie, B. (2020). Was ist The Work? https://thework.com/sites/de/the-work/. Zugegriffen: 30. Juni 2020.

Lehmann, S. (2020). Anti-Stress-Trainer für Fernstudierende. Wiesbaden: Springer.

Mackenthun, G. (2018) Abwehrmechanismen. https://gerald-mackenthun.de/app/download/5812013859/Abwehr-mechanismen_Tabelle.pdf. Zugegriffen: 13. Juni 2020.

Myers, D. G., Hoppe-Graff, S., Keller, B. (2014). *Psychologie* (3., vollst. überarb. u. erw. Aufl.). Berlin: Springer.

Tunnelblick von Tayfun 089. https://genius.com/Tayfun-089-tunnelblick-lyrics. Zugegriffen: 15. Nov. 2020.

Wolf, D., & Merkle, R. (1993). *Gefühle verstehen, Probleme bewältigen: Eine Gebrauchsanleitung für Gefühle* (10. Aufl.). Mannheim: PAL.

3

Zwölf Erfolgskriterien für die Thesis

In diesem Kapitel bringen wir zwölf Erfolgskriterien für Deine Thesis auf den Punkt. Auch wenn wir die Essenz auf zwölf Ideen reduziert haben, so verbirgt sich dahinter eine enorme Fülle von Möglichkeiten, die Du ganz individuell ausgestalten kannst. Sei offen für Neues, habe Spaß und lebe Deine Vision.

Warte nicht auf den idealen Tag, die gute Stimmung, um den perfekten Text zu Papier zu bringen. Schreibe unbeschwert drauf los. Fragst Du Dich, wie das gehen soll? Schreibblockaden existieren nicht, wenn Du genau weißt, was Du möchtest und wo Deine Reise hingehen soll. Selbst wenn Du an einer Stelle momentan nicht sofort weiterkommst, so findest Du andere Kapitel, an denen Du zunächst weiterschreiben oder nachrecherchieren kannst. Wenn Du am Anfang Deines Studiums stehen würdest, wäre die Empfehlung,

© Der/die Autor(en), exklusiv lizenziert durch Springer Fachmedien Wiesbaden GmbH, ein Teil von Springer Nature 2021
P. Buchenau und S. Lehmann, *Der Anti-Stress-Trainer für Studierende,* Anti-Stress-Trainer,
https://doi.org/10.1007/978-3-658-32437-7_3

Dich mit dem Writing Code (2016) von Prof. Dr. Harald Rau intensiver auseinanderzusetzen. Da Du vermutlich am Ende des Studiums stehst und dafür gerade wohl keine Zeit hast, hier einige schnelle Tipps, die Dich unmittelbar weiterbringen können. Für Schnellleser listen wir die zwölf Erfolgstipps hier jetzt auf. Wenn Du mehr wissen möchtest, dann lies bitte den jeweiligen Abschnitt dazu.

Tipp

- Strukturiere Deinen Tag
- Gönne Dir Auszeiten, ohne aufzuschieben
- Achte auf Deine Gesundheit, Deinen Körper, Deinen Geist und sorge für guten Schlaf
- Schließe Frieden mit Dir und Deiner Leistungsfähigkeit
- Bewege Dich regelmäßig und treibe Sport
- Schaffe Dir ein lebenswertes Umfeld und habe Spaß mit Freunden
- Etwas Theorie muss auch sein: Wissenschaftliches Arbeiten im Schnelldurchlauf
- Studium generale mit Office 365 und Citavi
- Deine Vision und Deine Ziele
- Überdenke Deinen beruflichen Einstieg – nach dem Bachelor oder nach dem Master?
- Entwickle Managerfähigkeiten
- Noch mehr Studium generale?
- Master oder Ausland?

3.1   Wenn die gewohnte Tagesstruktur wegbricht (Zeit- und Selbstmanagement)

Viel zu tun aktuell. Da Ende des letzten Semesters die Klausuren ausgefallen sind, liegen die bei uns jetzt zusätzlich im jetzigen Semester nächste Woche und das ist stressig.
(Studentin, 07.06.2020)

Wie lerne ich effizient? Oder: Wie studierst Du agil? Der Duden online findet für agil u. a. folgende Synonyme: betriebsam, beweglich, energiegeladen, geschickt, gewandt, lebhaft und rege, vital und wendig. Welche unmittelbare Anpassung des Lernverhaltens ist dafür notwendig? Wir benötigen jederzeit das Gefühl, etwas verändern und die gestellten Aufgaben bewältigen zu können. Wenn etwas zu schwierig, zu komplex oder nicht berechenbar ist, erzeugt das gegebenenfalls ein Gefühl von Angst bzw. Hilflosigkeit. Das merkten wir zum Beispiel zu Beginn der Coronapandemie im Frühjahr 2020. Diese Art der Anspannung beeinträchtigt die Lern- und Leistungsfähigkeit.

> Joachim Löw (Bergmann 2020) bringt es auf den Punkt:
> „Die letzten Tage haben mich sehr beschäftigt und nachdenklich gestimmt. Die Welt hat einen kollektiven Burn-out erlebt." Sein Schluss aus der gegenwärtigen Ausnahmesituation lautet: „Wir müssen uns hinterfragen!"

Werde kreativ und hinterfrage Deine Zeitplanung und Deine Tagesstruktur. Bringe das, was Dir wichtig ist auf den Punkt. Du kannst Dich jetzt in Literatur zum Thema Projektmanagement vertiefen, eine umfangreiche Recherche anschieben oder aber nach dem Prinzip von Pareto arbeiten: Die 80-zu-20-Regel. Nach der Idee von Pareto resultieren 80 % des Erfolgs aus 20 % Arbeitsaufwand.

Für die restlichen 20 % Erfolg sind hingegen 80 % Aufwand nötig Was ist Dir wichtig? Eine Thesis mit 1,0 oder gar 0,8 oder 0,6? Da jeder anders tickt, hier das Beispiel einer möglichen Tagesplanung einer Studentin und von Stefanie Lehmann. Lass Dich inspirieren und finde Deinen eigenen Style. Natürlich ist auch eine Zeitplanung von Beginn bis Ende der Thesis notwendig. Schaue hier,

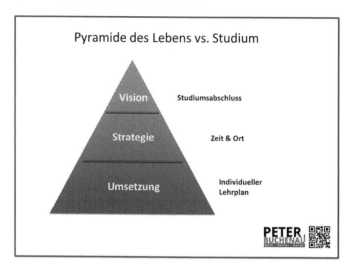

Abb. 3.1 Pyramide des Lebens vs. Studium

ob Du mit Wochenplänen zurechtkommst oder lieber eine andere Möglichkeit wählen möchtest, wie zum Beispiel Meilensteine aus dem agilen Projektmanagement. Weniger ist mehr? Überlege für Dich, wie viel Planung Du brauchst (Abb. 3.1).

> Genie ist ein Prozent Inspiration und 99 % Transpiration.
> Thomas Alva Edison

Wie Du siehst, sind die Tagespläne recht unterschiedlich. Kopiere daher weder den einen noch den anderen, sondern stelle Dir Deinen individuellen Plan zusammen.

Für Peter Buchenau steht morgens eine Stunde Bewegung auf dem Plan. Nora integriert Sport um 15:45 Uhr und Steffi geht gern abends spazieren, entweder nach 18 Uhr oder sogar erst nach 21 Uhr vor dem Schlafengehen. Richtig oder falsch gibt es hier nicht. Wichtig ist, dass es für Dich passt.

3.2   Gönn Dir Auszeiten, ohne aufzuschieben

Nachdem Du Dir Deinen Tagesplan erstellt hast und Dein mehr oder weniger agiler Projektplan steht, kommt gegebenenfalls das nächste Hindernis. Du könntest Dich auf Henry Ford berufen und chillen.

> Der größte Feind der Qualität ist die Eile.
> (Henry Ford)

Ja, gönne Dir Auszeiten, doch Grenze sie klar davon ab, Dich ablenken zu lassen bzw. Dich selbst abzulenken. Aufschieben bzw. Prokrastination bedeutet psychologisch betrachtet, dass die Fähigkeit, sich selbst zu steuern, gestört ist. Daher werden wichtige und/oder dringende Aufgaben aufgeschoben. Stattdessen kümmern wir uns ersatzweise um den Haushalt, das Aufräumen oder eine Recherche in der Unibibliothek. Wissenschaftlich unterscheidet man Erregungsaufschieber und Vermeidungsaufschieber. Während die eine Gruppe bis zum Schluss aufschiebt und die Aufgaben in einer nächtlichen Aktion mit viel kreativem Elan auf den letzten Metern fertigstellt, leiden andere unter Versagensängsten und meiden es deshalb, eine Aufgabe anzugehen, deren Ansprüchen sie gegebenenfalls nicht gerecht werden können. So vermeidet man Negatives, indem man es gar nicht erst anfängt und sich somit selbst vor Enttäuschung schützt. Du weißt, dass es notwendig wäre, sich rechtzeitig um bestimmte Aufgaben zu kümmern, tust es aber nicht, weil es Dich stresst, es nicht gut genug zu tun (Stangl 2020).

Stefanie Lehmann sieht Prokrastination als den gescheiterten Versuch, vielen Wünschen und Bedürfnissen gleichzeitig gerecht zu werden. Das Leben ist ein komplexes Zusammenspiel. Hier treffen verschiedene Glaubenssätze und gefestigte Gewohnheiten aufeinander. Dazu stehen für Studierende oft Qualität und Perfektion, der Wunsch nach Entschleunigung und Achtsamkeit sowie eine gute Work-Life-Balance und ein gelungenes Zeit- und Selbstmanagement mit Pausen im Konflikt zueinander. Wie soll das funktionieren?

Hier weitere Zitate bedeutender Menschen, die jedoch nicht allesamt zeitgleich verwirklicht werden können, da sie gegebenenfalls gegenseitig behindern, vielleicht sogar ausschließen.

> Persönlichkeiten werden nicht durch schöne Reden geformt, sondern durch Arbeit und eigene Leistung.
> (Albert Einstein)
> Größe ist nicht, Anerkennungen zu erhalten, sondern sie zu verdienen. (Aristoteles)
> Du kannst die Wellen nicht stoppen, aber Du kannst lernen zu surfen.
> (Jon Kabat-Zinn)
> Die Freundschaft gehört zum Notwendigsten in unserem Leben. In Armut und im Unglück sind Freunde die einzige Zuflucht. Doch die Freundschaft ist nicht nur notwendig, sondern auch schön!
> (Aristoteles)

Hilfreich ist es daher, Prioritäten zu setzen und genau zu wissen, was Du möchtest. Nach unserer Einschätzung kommt es nur dann zum Aufschieben, wenn Du Dein persönliches Ziel falsch definiert hast und Du nicht aus voller Überzeugung bzw. mit ganzem Herzen bei der Sache bist.

Stelle Dir dazu folgende Fragen: Ist das mein Lieblingsfach? Was interessiert mich brennend?

Wenn Du diese Fragen für Dich geklärt und eine gute Antwort für Dich gefunden hast, dann kommen wir zum nächsten Schritt: Erstell Dir realistische Tagespläne. Achte konsequent auf Disziplin beim Arbeiten. Dies gelingt Dir, wenn Du Dir nach getaner Arbeit Belohnungen gönnst, die Du vorab genau festgelegt hast. Beispiel: Wenn ich das siebente Kapitel des Buchs gelesen und zusammengefasst habe, treffe ich mich mit Freunden auf der Bowlingbahn.

Gelegentlich kann es passieren, dass Deine Konzentrationsfähigkeit nur begrenzt vorhanden ist. Wenn Deine Gedanken ständig abschweifen und Du nicht bei der Sache bist, dann frag Dich bitte, ob es eine Möglichkeit sein könnte, dass Du Dir in der letzten Zeit zu viel zugemutet hast. Würde Dir etwas mehr Erholung guttun? Falls Deine Antwort jetzt Ja ist, aber der Zusatz folgt: „dafür habe ich jetzt gerade aber keine Zeit", dann ist es erst recht an der Zeit, innezuhalten.

> Gönne Dir Auszeiten, um Deine Kreativitätsspeicher wieder aufzuladen.
> (Dominik Müller, Student)

Wie gelingt das? Es gibt unterschiedliche Möglichkeiten. Sport ist eine Möglichkeit. Pauere Dich so richtig aus. Im Fitnessstudio, beim Joggen oder Klettern? Vielleicht auch bei Mannschaftssport oder Yoga? Oder reicht Dir Radfahren zum Supermarkt, um wirklich nötige Einkäufe zu erledigen? Vielleicht hilft Dir ein Spaziergang um den Block oder im Wald, um wieder runterzukommen?

Shopping? Vorsicht vor Frustshopping. Auch Alkohol, Fastfood und Süßigkeiten bergen eher Suchtpotenzial, statt dass sie Deine Kreativitätsspeicher auffüllen.

Alternativen sind kreatives Gestalten, malen, basteln, heimwerken usw. Dominik kocht, um nach ausgewogener Ernährung gut weiterzuarbeiten.

Ein Erfolgsgarant war bei mir fast immer eine aus-
gewogene und regelmäßige Ernährung. Glücklicherweise
machen mir die Zubereitungen von Kochspeisen sehr
viel Spaß, weswegen ich (kleine) Kochpausen immer als
willkommene Lern- oder Arbeitspause angesehen habe.
Mir persönlich hat das Kochen dabei geholfen, meinen
Kreativitätsspeicher aufzuladen, um anschließend wieder
fokussiert weiterzuarbeiten. (Dominik Müller, Student)

Wie sehen Deine Pausen aus? Ist es sinnvoll, das Not-
wendige mit dem Angenehmen zu verbinden? Mit dem
Rad zum Supermarkt zu fahren, ist eine Möglichkeit.
Nötige Arzttermine zwischendurch fest einzuplanen, kann
eine weitere Strategie sein. Im Wartezimmer hast Du die
Gelegenheit, zum Beispiel mit Karteikarten weiterzulernen
oder ganz bewusst mal abzuschalten. Pausengestaltung
ist ein sehr individuelles Thema. Die Gratwanderung
zwischen Optimierungswahn und wertvoller Auszeit zu
Entspannung kann fließend sein. Beobachte Dich genau.
Hinterfrage Dich, wie Du tickst.

Dan Müller: Ich habe gelernt, dass ich mir Pausen gönnen muss

Das heißt nicht, dass man in der Prüfungsphase nicht
mehr Zeit in das Studium stecken darf. Die Zeit, die
investiert werden kann, ohne gestresst zu sein, muss
jeder für sich definieren. Es ist immer wichtig, auf seinen
Körper zu hören und gegebenenfalls einen Ausgleich
zu finden. Im Studium ist es wichtig, wenn man sich
durch Prüfungssituationen stressen lässt, dass man sich
mit diesem Problem auseinandersetzt und gegebenenfalls Maßnahmen ergreift, um diesem Stress entgegen-
zuwirken. Bei mir wäre das die Auseinandersetzung
mit dem Thema Prüfungen. Wie gehe ich mit so einer
Situation um, also weniger, wie lerne ich richtig, sondern
mehr, wie gehe ich mit dem Leistungsdruck um. Setze ich

mir realistische Ziele, sprich: nicht zu hohen Anspruch an die Ergebnisse der Prüfung? Und wie gehe ich allgemein mit der Situation um? Habe ich einen richtigen Ausgleich zu meinem Stress, sprich, bei mir Sport, genügend Schlaf, die richtige Ernährung und Entspannungsübungen, oder muss ich an manchen Punkten nacharbeiten? Somit hängt der Erfolg eines Studiums nicht nur vom Fleiß oder gar vom Intellekt eines oder einer Studierenden ab, sondern auch maßgeblich von der Fähigkeit, mit Stress umzugehen zu können. Das würde ich jedem und jeder neuen Studierenden empfehlen: sich damit auseinanderzusetzen, um ein erfolgreiches Studium zu absolvieren.

Wie findest Du Deine Balance, um Deine Gesundheit zu erhalten? Schreibe Dir Deine Ideen bzw. konkrete Strategien auf, um sie zwischendurch immer mal wieder nachzulesen.

Balance halten? Werft euch die Bälle zu

Nachdem Du Dir notiert hast, wie Du Deine Balance findest, kannst Du Dir mit Mitstudierenden die Bällchen zuwerfen. Ein Rezept für vegane Protein Cookie-Dough-Bällchen von Fitnessprinzessin Eva für neue Energie findest Du als Begleitmaterial zum Buch unter www.coaching-lehmann.de/ast.

3.3 Achte auf Deinen Körper – physisch und psychisch – und Deine Gesundheit

Beispiel

Vor fast genau fünf Jahren bekam ich die Diagnose Schilddrüsenkrebs. Ich hatte zu dem Zeitpunkt zwei Jobs und war in der Prüfungsphase in der Uni. Ich konnte mir keine Ausfälle leisten. Meine erste Reaktion war also vollkommene Resignation und das Versteifen auf den Gedanken: Ich kann nicht mehr. Ich bin zuerst zu meinem Professor des Vertrauens und habe mit ihm gesprochen. Er hat mir versichert, dass ich meine Abgaben auch später machen darf und ich ihn einfach auf dem Laufenden halten soll. Allerdings hatte ich bei meinen Jobs Angst, meine Sorgen anzusprechen, da ich ziemlich pleite und auf die Arbeit angewiesen war. Ich hatte zwar Schmerzen, aber wollte meinen Arbeitgebern keine Umstände machen. Es musste natürlich so kommen, wie es kommen muss. Die Wunde ist durch die Belastung nicht richtig geheilt. Ich war beim Arzt und dieser meinte, dass ich mich schonen muss, hat mich allerdings nicht krankgeschrieben, also war ich weiter arbeiten. Am nächsten Tag gings dann ab ins Krankenhaus…

Ich habe aus der Situation gelernt, dass ich meine Probleme offen kommunizieren kann und mir auch die Auszeit nehmen muss, die ich brauche. Krankheit kann passieren und dann muss man das Leben drum herum danach richten, und man darf nicht einfach so tun, als ob nichts sei. Als ich es nicht mehr verheimlichen konnte, habe ich große Hilfe bekommen und konnte mit meinen Ängsten besser umgehen. (Janis, Student).

Das Beispiel von Janis zeigt, wie sich falscher Eifer auswirken kann. Er hat daraus für sich wertvolle Erkenntnisse gewonnen. Welche Erfahrung hast Du bereits gesammelt? Welche Methoden mit Stress und Belastung, gegebenenfalls sogar mit Krankheit umzugehen, hast Du gesammelt?

Wie reagierst Du bei einer Erkältung in der Prüfungsphase? Was tust Du, wenn Du merkst, dass Dir der ganze Stress auf den Magen schlägt oder Dein Kopf sprichwörtlich platzt? Schreib Dir auf, wie Du dann reagierst. Reflektiere auch aus Deinen Erfahrungen, was bei Dir eventuell nicht funktioniert hat. Finde neue Möglichkeiten.

> Es gibt immer noch mindestens einen anderen Weg. (Dr. med. Alexander S. Strassburg)

Wenn Du allein nicht weiterkommst, frage andere und bitte um Unterstützung. Mehr dazu findest Du auch in Kap. 5.

> **Wichtig**
> Gesundheit ist wichtiger als die Thesis.
> (Janis, Student)
> Diesen Satz unterschreiben auch Jessica und viele andere Studierende.

Körperpflege gegen Stress
Woran hast Du gedacht, als Du diese Zwischenüberschrift gelesen hast? Frauensache? Einen Tag im Spa oder in Sauna bzw. Therme? Zeitverschwendung?

Aber was ist mit unserem Geist und unserem inneren Wohlbefinden? Das sollte uns nicht weniger wichtig sein als die körperliche Gesundheit. Anstatt sich stundenlang zu uneffektivem Lernen zu zwingen, könnte man doch etwas Zeit am Tag für sich und seine Bedürfnisse einplanen. Aktiv Zeit zur Entspannung zu nutzen, ist ganz sicher nicht nur Frauensache. Auch Männer, die ihr Äußeres pflegen, können damit ihr inneres Wohlbefinden sichtbar machen. Wer auf sich selbst Acht gibt, tut damit nicht nur sich selbst und seiner Gesundheit einen Gefallen, sondern hat auch automatisch eine gesündere und sympathische Ausstrahlung. (Marie-Christin, Studentin)

Tipps für Männer? Heiße Badewanne? Täglich warm duschen? Gründliche Rasur? Wir können an dieser Stelle nur Möglichkeiten auflisten, die infrage kommen könnten. Eine nicht repräsentative kurze Befragung hat dazu noch folgende Antworten geliefert: die Frauen wegschicken, Fußball gucken, Bier mit Kumpels trinken, zum Basketball gehen, Holz hacken oder mit dem Mountainbike durch den Wald cruisen. Diejenigen, die sehr ehrlich waren, haben auch Yoga benannt. Nein, das ist offenbar nicht nur etwas für Frauen. Andere haben hinter vorgehaltener Hand verkündet: Sex – was sonst. Und wenn ich keine Frau finde, dann eben… nun ja. Entscheide selbst, was für Dich passend ist.

Zum Thema Sex ist zu sagen, dass hierbei eine Flut von Hormonen durch den Körper geht. Serotonin als Glückshormon und Oxytocin, das Kuschelhormon. Auch Schokolade kann helfen, den Serotoninspiegel zu erhöhen. Vielleicht ein Schokoladenbad? Oder ist das nur etwas für Frauen, wie Nägel zu lackieren? Beauty? Oder doch lieber ein Wohlfühlbad mit pflegenden Badezusätzen genießen? Eine klärende Gesichtsmaske? Eincremen?

Es geht darum, dass Du Dich wohlfühlst und Dich als liebenswerten Menschen niemals vernachlässigst. Gerade unter Stress, wenn wir gegebenenfalls vermehrt schwitzen, ist es keine Option, zehn Minuten Zeit fürs Duschen oder 15 min für ein Mittagessen einzusparen.

> Was Charisma ausmacht: Mit sich selbst gut umgehen – trotz Thesis das Leben nicht vernachlässigen. (Marie-Christin, Studentin)

Kommen wir an dieser Stelle nochmal zum Thema Zeitmanagement zurück: Sich Zeit für sich selbst zu nehmen, ist keine verschwendete Zeit. Menschen, die zum Beispiel eine schwere Erkrankung hinter sich haben oder einen Unfall hatten, geben ihrer Lebenszeit danach häufig einen anderen Wert.

Anonymer Student: Essen, Trinken und Schlaf

> Sowohl Essen und Trinken als auch Schlafen darf trotz stressiger Zeit nicht vergessen werden. Klingt banal und selbstverständlich. Trotzdem leidet in der Prüfungszeit gern der Schlaf. Heute sechs Stunden, morgen fünf Stunden, das ist schon okay, so dachte auch ich mir. Plötzlich hatte ich Kreislaufprobleme und bin zusammengeklappt. Achtet auf euren Körper. Prüfungen könnt ihr nachholen; Gesundheit geht immer vor. (Anonymer Student)

Essen, Trinken und Schlaf?

Nach so viel Input Lust auf einen schnellen „French Toast"? Diese Variante ist etwas aufwendiger, aber wer viel arbeitet, darf sich auch eine längere Pause gönnen. Wie wäre es mit einem Auflauf? Also einen aus dem Backofen und einen mit Mitstudierenden? Das Rezept von Fitnessprinzessin Eva reicht für etwa 2 Personen. Du findest es als Begleitmaterial zum Buch unter www.coaching-lehmann.de/ast .

Eine völlig banale Erkenntnis nochmal zum Schluss. Sie ist so simpel, dass sie genau deshalb gigantisch gut ist.

> Besonders das Handy lenkt häufig ab und sollte zum effektiven Lernen besser weggelegt werden. (Anonymer Student)

3.4 Schließe Frieden mit den Päckchen, die Du trägst und glaube an das Gute

Wir kommen jetzt zu Deinen Momenten voller Frust, aufgestauter negativer Gedanken, all den Ungerechtigkeiten Deines Lebens und den Päckchen, die Du zu tragen hast.

Nimm Dir Dein Smartphone – als notwendiges Hilfsmittel –, stelle Deine Stoppuhr auf fünf Minuten, halte Zettel und Stift bereit, alternativ die Tastatur oder nutze die Diktierfunktion Deines Handys. Fertig? Dann geht es los. Timer bereit?

Jammere fünf Minuten, schreib bzw. sprich oder heule Dir alles, was Dich bedrückt, jetzt von der Seele.

Bist Du mit fünf Minuten gut hingekommen? Oder hast Du die Zeitmessung vorher abgebrochen? Wie lang waren Deine fünf Minuten? Lege Deine Erkenntnisse jetzt zunächst beiseite. Wir kommen später bei Bedarf darauf zurück. Jeder, der dieses Buch liest und die Übung gemacht hat, hat gerade einige Punkte notiert. Vermutlich gibt es Gemeinsamkeiten, sicherlich aber auch große Unterschiede. Vielleicht wird die Erkenntnis aus der Abschnittsüberschrift jetzt klarer? Sie stammt von Jessica. Es nützt Dir nichts zu glauben, nur allein Du läufst mit Problemen oder Herausforderungen durchs Leben. Jeder hat irgendwelche Päckchen zu tragen. Die Vielfalt ist gigantisch. Gesundheitliche Probleme, finanzielle Sorgen, Liebeskummer und vieles mehr. Drum schließe Frieden mit Deinem Päckchen. Spirituelle Tipps zum Leben im Hier und Jetzt findest Du zum Beispiel bei Eckhart Tolle *Leben im Jetzt.*

Sich selbst zu achten heißt, mit sich eine heimliche Liebesaffäre zu haben. (W. Dyer, zitiert nach Wolf und Merkle, S. 50)

3.5 Grundlagen Microsoft Office und Citavi – „quick, but not dirty" zur Thesis

Kommen wir nun zum Notwendigen. Schließlich möchtest Du Deine Thesis gut und zügig fertigbekommen. Hier einige Tipps zu den Grundlagen bezüglich EDV im Schnelldurchlauf, bevor es dann im nächsten Abschnitt um das wissenschaftliche Schreiben geht.

Grundlagenliteratur zum Thema gibt es sehr viel. Wir empfehlen die Bücher aus dem Bildner Verlag (Baumeister 2019a, b; Baumeister und Schmid 2019a, b). Insbesondere zu Word und Excel sind die Werke exzellent aufgebaut.

EDV-Grundlagen gehören heute zum Basiswissen für nahezu jede berufliche Tätigkeit, nicht nur für Bürojobs. Daher eigne Dir solide Grundlagen an, um gut durch die fachlichen Inhalte Deiner Thesis zu kommen, statt Dich dann mit Formalitäten unnötig lange aufzuhalten.

Was ist mit Citavi? Als Ergänzung zu Microsoft Word empfehlen wir dieses Literaturverwaltungsprogramm, wenn Du mit einem Windows-Betriebssystem arbeitest. Viele Universitäten bieten kostenfreie Campuslizenzen an. Für Teamarbeit und barrierefreies geräteunabhängiges Arbeiten nutze bitte die Cloud-Version. Informiere Dich im Vorfeld, ob gegebenenfalls ein wissenschaftliches Poster angefertigt werden soll für Deine Thesis. Falls ja, beschäftige Dich auch frühzeitig mit PowerPoint, alternativ einem Grafikprogramm. Ja, wir wissen, dass es unter Umständen viel Zeit kostet, sich in Citavi einzuarbeiten. Aber es lohnt sich. Hilfestellung in Form von Videos, einem E-Mail-Kurs sowie einer umfangreichen Online-hilfe findest Du auch auf der Homepage von Citavi.

Citavi ist für viele Studierende deutlich mehr als nur ein Literaturverwaltungsprogramm. Es strukturiert Deinen Wissensschatz. Ausführliche Infos findest Du zum Beispiel in den Anti-Stress-Trainern für Fernstudierende (Lehmann 2020a, b).

3.6 Wissenschaftliches Arbeiten und Schreiben – im Schnelldurchlauf

Wenn Du Deine Thesis gut und zügig fertigbekommen möchtest, findest Du in diesem Abschnitt einige Tipps zum wissenschaftlichen Arbeiten und Schreiben im Schnelldurchlauf. Buchtipps zur Vertiefung gibt es auch. Am Ende des Abschnitts folgt ein sehr wissenschaftliches Beispiel, das zum Thema Prävention überleitet. Damit Du dann nicht das Buch gefrustet zur Seite legst, hier schon mal der Hinweis, dass danach im Abschn. 3.8 der Spaß und Dein persönliches Wohl ganz klar im Vordergrund stehen werden.

Deine Balance zwischen Arbeit und Ausgleich muss passen, um Dich vor Burn-out zu schützen.

Widme Dich jetzt dem Thema wissenschaftliche Arbeit, dann der Prävention von Burn-out und Bore-out.

Bereitet Dir das wissenschaftliche Arbeiten Kopfzerbrechen? Hast Du das Gefühl, Du hast das niemals im Studium gelernt?

Schau Dir als Beispiel eine sehr gute Thesis aus Deiner Fachschaft an. Gibt es Anhaltspunkte für Deine mögliche Gliederung und den Aufbau? Ist gut ablesbar, wie sich Zitation und eigene Schlussfolgerung voneinander abgrenzen? Ist der rote Faden nachvollziehbar?

Wenn Du eine Thesis eines Einserkandidaten liest, dann beachte aber auch, dass Du Deinen eigenen Stil findest. Es nützt nichts, so schreiben zu wollen, wie der Absolvent dieses Beispiels.

Jeder entwickelt einen eigenen Stil. Das ist die Kunst. Nur dann liest sich eine Thesis authentisch und überzeugt.

Wie findest Du Deinen Stil? Zunächst einmal widme Dich den Basics. Einen guten Einstieg bietet das Buch *Wissenschaftliches Arbeiten* von Balzert, Schröder und Schäfer (2017) sowie der Titel *Empirisches wissenschaftliches Arbeiten* von Aeppli, Gasser, Gutzwiller und Tettenborn (2016).

Hilfreich ist auch die Handreichung Deiner Hochschule bzw. Fakultät mit allen Formalia wie Zitierrichtlinien, Seitenrändern, Schriftgrößen usw. Das ist die Basis, die Du Dir verinnerlichst.

Im zweiten Step widme Dich den Grundlagen der Textverarbeitung, der Tabellenkalkulation, der Gestaltung von Schaubildern und – falls erforderlich – den Basics eines Grafikprogramms, wenn Du ein wissenschaftliches Poster erstellen sollst.

Step 3 beinhaltet den routinierten Umgang mit Citavi bzw. alternativ insbesondere für iOS-Nutzer einem anderen Literaturverwaltungsprogramm. Mehr zu Citavi findest Du in Abschn. 3.5.

Bevor es losgeht, sofern Du nicht bereits total unter Zeitdruck nach Deinen bisherigen Gewohnheiten angefangen hast, geht es in Step 4 um den Writing-Code (Rau 2016).

Falls Du jetzt denkst, was soll das jetzt, dann halte kurz inne. Warum? Ja, die Idee nach dem Writing-Code von Prof. Dr. Harald Rau zu arbeiten, ist etwas anderes, doch bietet seine Technik eine faszinierende und effiziente Möglichkeit zugleich, Unmengen von Quellen strukturiert und gezielt zu bearbeiten und Deine Arbeit nach Maßstäben von Pareto professionell fertigzustellen. Was heißt das konkret? Pareto: 80-zu-20-Regel. Das bedeutet, dass Du bereits mit 20 % des Aufwands zu etwa 80 % des Ergebnisses kommen kannst. Also eine zwei. Wenn Du weitere Zeit investierst, kannst Du Dich mit 80 % Zeitaufwand den übrigen 20 % widmen, um zu einem annähernd perfekten Ergebnis zu kommen. Ob das für Dich erstrebenswert und sinnvoll ist, kannst Du für Dich in Abschn. 3.9 klären, in dem es um Deine Vision geht.

Nähern wir uns als Beispiel für wissenschaftliches Arbeiten einmal dem Thema Prävention.

Wofür Prävention? Bevor Du Zahlen, Daten und Fakten ausbreitest, ist es zunächst wichtig, den Untersuchungsgegenstand genau zu definieren. Was bedeutet das?

Das heißt beispielsweise, Begriffe zu definieren und gegebenenfalls von Experten zur Verfügung gestellte Ausarbeitungen mit eigenen Worten zu beschreiben.

> **Beispiel**
>
> Unter Prävention verstehen Hurrelmann et al. (2018, S. 23 f.) den Ansatz, Krankheiten, Unfälle usw. zu verhüten bzw. dem Verlauf wörtlich genommen zuvorkommend (Vorbeugung von Risiken, lateinisch von „prae-venire"; vgl. Beise et al. 2009, S. 26 ff.) durch medizinische Maßnahmen in geeigneter Weise zu beeinflussen. Bei dieser Interventionsform im Sinn der Krankheitsprävention unterscheidet man Verhaltens-, also personale Prävention, sowie Verhältnisprävention (strukturelle Prävention). Interventionen sind möglich über normativ-regulatorische

Maßnahmen (Gesetze/Verbote) sowie psychoedukative, also motivierende und teils erzieherische Maßnahmen. Der Fokus liegt im wörtlichen Sinn von „prae-venire" im Zuvorkommen (vgl. Beise et al. 2009, S. 26 ff.). Risikofaktoren klassifizieren sich in vier Gruppen: genetisch-physiologische und psychische Veranlagung, behaviorale Disposition (ungünstige Verhaltensweisen), psychische Exposition, zum Beispiel anhaltende Belastungen, sowie ökologische Expositionen, also Umweltbelastungen (Strahlenbelastung, intensive Landwirtschaft u. a.; vgl. Hurrelmann et al. 2018, S. 26). Unter Gesundheitsförderung versteht man den Ansatz, die Lebensbedingungen der Menschen zu verbessern, die einen relevanten Einfluss auf die Gesundheit haben. Hierzu zählen ökonomische, ökologische, kulturelle und soziale Einflüsse. Interventionsmaßnahmen fasst man unter Gesundheitsförderung zusammen (vgl. Hurrelmann et al. 2018, S. 24). Sie kann an unterschiedlichen Orten stattfinden und bedient sich dabei des Settinggedankens, den auch die WHO als erfolgreiche Strategie fokussiert. Der Begriff hat sich nach der Konferenz der WHO 1986 in Ottawa etabliert und stellt eine Promotionsstrategie in den Vordergrund. Menschen sollen mehr darüber erfahren, wie sie ihre Gesundheit eigenverantwortlich durch Verbesserungen ihrer Lebensbedingungen beeinflussen. Im Gegensatz zur Krankheitsprävention, wo Vermeidungsstrategien im Vordergrund stehen, ist Gesundheitsprävention proaktiv (vgl. Hurrelmann und Laaser 2006, S. 749 ff.). Das Konzept basiert auf der Salutogenese nach Antonovsky. Ziel ist es, Menschen dazu zu bewegen, Verantwortung für ihre Gesundheit zu übernehmen (vgl. Beise et al. 2009, S. 26). Darüber hinaus soll die Selbstbestimmung über die eigene Gesundheit gestärkt werden. Es ist ein wichtiger Aspekt bei der zunehmenden Zahl psychischer und psychosomatischer Krankheitsbilder. Das Lebensumfeld der Menschen wird durch verschiedene Maßnahmen verbessert, zum Beispiel in Schulen, Kindergärten und Unternehmen (Settings). Dies trägt dazu bei, ein neues Bewusstsein zu schaffen und auf die Lebensgewohnheiten in der Gesellschaft einzuwirken. So werden schädliche gesundheitliche Einflüsse reduziert.

Nach der Luxemburger Deklaration (1997) zielt die „moderne Unternehmensstrategie darauf ab, Krankheiten am Arbeitsplatz vorzubeugen (einschließlich arbeitsbedingter Erkrankungen, Arbeitsunfälle, Berufskrankheiten und Stress), Gesundheitspotentiale [sic!] zu stärken und das Wohlbefinden am Arbeitsplatz zu verbessern" (vgl. Faller 2008, S. 130 f.).[1] Die Etablierung zum Beispiel von guten Gewohnheiten im Alltag ihres Settings „Unternehmen" steht dabei im Vordergrund. Gesundheitsförderung baut auf einem Wirkungsprinzip auf, nachdem eine dynamische Reihenfolge von Stadien der Gesundheit zugrunde gelegt wird. Die Stärkung von Ressourcen zu einem so frühen Zeitpunkt wie möglich steht im Vordergrund, um zu einem höheren Maß an Lebensqualität zu gelangen (vgl. Hurrelmann und Laaser 2006, S. 751 f.).

Man unterscheidet zwischen Verhaltens-/personaler Prävention, sowie Verhältnisprävention als struktureller Maßnahme. Dies wird u. a. über normativ-regulatorische Instrumente wie Gesetze und Verbote bzw. über psychoedukative (motivierende und teils erzieherische Interventionen) erreicht, bei denen Menschen zum Beispiel durch Kampagnen über Risiken aufgeklärt werden (vgl. Beise et al. 2009, S. 26 ff.). Risikofaktoren lassen sich in vier Gruppen klassifizieren. Neben genetisch-physiologischer sowie psychischer Veranlagung, verhaltensbedingter Disposition und anhaltenden Belastungen, spielen ökologische Komponenten wie Umweltbelastungen (Strahlung, intensive Landwirtschaft u. a.) eine Rolle (vgl. Hurrelmann et al. 2018, S. 26). Entsprechend dem Zeitpunkt der Präventionsmaßnahmen

---

[1]Was Faller bzw. die *Luxemburger Deklaration* aus dem Jahr 1997 auf eine moderne Unternehmensstrategie beziehen, gilt auch heute noch, nicht nur für Angestellte, sondern auch für Studierende.

wird zwischen Primär-, Sekundär- und Tertiärprävention unterschieden (vgl. Beise et al. 2009, S. 27 ff.). Ein zweiter möglicher Ansatz besteht darin, die gesundheitsrelevanten Lebensbedingungen der Menschen zu verbessern. Hierzu gehören, neben ökonomischen und ökologischen, auch kulturelle und soziale Einflüsse. Diese Interventionsmaßnahmen werden unter dem Begriff Gesundheitsförderung zusammengefasst (vgl. Hurrelmann et al. 2018, S. 24). Das Konzept basiert auf der Idee der Salutogenese nach Antonovsky. Ziel ist es, Menschen dazu zu bewegen, Verantwortung für ihre Gesundheit zu übernehmen (vgl. Beise et al. 2009, S. 26). Darüber hinaus ist die Selbstbestimmung über die eigene Gesundheit zu stärken ein wichtiger Aspekt bei der zunehmenden Zahl psychischer und psychosomatischer Krankheitsbilder. Eberhard Göpel beschreibt es mit den Worten „zwei Wege zur Gesundheit" – die Nutzung von Gesundheitsressourcen und die Vermeidung von Krankheitsrisiken (vgl. Göpel 2001, S. 40).

Nach Hurrelmann et al. (2018) werden Prävention und Gesundheitsförderung im Lebenslauf in vier Lebensphasen eingeteilt. Kindes-, Jugend- und Erwachsenenalter sowie hohes Alter. In jeder Phase kann es zu kritischen Lebensereignissen kommen, die von spezifischen gesundheitsgefährdenden Bedingungen und Herausforderungen geprägt sind. Als kritische Lebensereignisse werden Geschehnisse beschrieben, die ein hohes Maß an Lebensveränderungen und einen hohen Wirkungsgrad mit sich bringen und das bisher aufgebaute Person-Umwelt-Passungsgefüge bedrohen. Oft wird die Situation nach einem solchen Ereignis damit beschrieben, dass nichts mehr so ist, wie es zuvor einmal war. Ein solches Off-time-Ereignis kann die Frage auslösen: „Warum gerade ich?" (vgl. Filipp 2002, S. 345 ff.).

Im **Jugendalter** (ab etwa 12 bzw. 13 Jahren) kommt es zu besonderen Herausforderungen, die sich einerseits aus der körperlichen Entwicklung zum Erwachsenen ergeben. Darüber hinaus kann es zu Spannungen im sozialen Umfeld und der persönlichen Entwicklung des Jugendlichen kommen. Themen wie Zugehörigkeit, sexuelle Entwicklung und sexuelle Orientierung sowie schulischer Leistungsdruck können in diese Phase prägen. Ob nun Cybermobbing, Drogensucht, Essstörungen, Mediensucht oder Herausforderungen durch sexuelle Entwicklung (zum Beispiel Homosexualität) – im Leben eines Jugendlichen kann es Brüche geben. Todesfälle, Suizid oder Unfälle, auch im Freundeskreis, zum Beispiel unter Einwirkung von Drogen, Alkohol oder (sexueller) Gewalteinwirkung können sich als kritische Lebensereignisse gesundheitsgefährdend auswirken. Präventiv kann hier zum Beispiel auf Suchtverhalten sowie eigenen und sozialen Leistungs- und Erwartungsdruck hingearbeitet werden (vgl. Pinquart und Silbereisen 2018, S. 89 ff.).

Im **Erwachsenenalter** können beginnende chronische Erkrankungen, eine riskante Lebensweise oder Verluste unterschiedlicher Art bezeichnende Auswirkungen haben. In dieser sehr langen Lebensphase können vielfältige Entwicklungsaufgaben anstehen. Berufliche, familiäre und finanzielle Herausforderungen sowie Übergänge zwischen Schule, Beruf und Familie verleiten unter Umständen zu einer riskanten bzw. kräfteraubenden Lebensweise.

Die Ursprünge des Mehrebenenmodells der salutogenetisch orientierten Gesundheitsförderung gehen als Magdeburger Modell auf Göpel u. a. auf das Jahr 1992 zurück (vgl. Hofmeister 2012, S. 338 ff. und Brieskorn-Zinke, M. 2006, S. 93 f.). Es ist auf Grundlage des Mehrebenenkonzepts der Ottawa-Charta entstanden. Die Ebenen beziehen sich auf Individuen, Gruppen, Institutionen, Gemeinwesen und Politik.

Aus der Abbildung von Gudrun Faller (vgl. Faller 2008, S. 132), die das ursprüngliche Modell auf die Arbeitswelt bezieht, geht hervor, dass die Interventionsebenen arbeitsweltbezogener Gesundheitsförderung durch die gestrichelten Linien jeweils die Interaktion mit der darüber- bzw. darunterliegenden Stufe visualisieren. Dementsprechend sind die Ebenen nicht als abgegrenzte Einheiten zu interpretieren. Ausgehend von der individuellen Ebene nennt Faller folgende, jeweils umfassendere Stufen bzw. Ebenen: soziale Ebene mit Vorgesetzten und Mitarbeitenden, betriebliche Ebene (Organisationsstrukturen und -prozesse), überbetriebliche Ebene (Sozialversicherungsträger, Dienstleister, Nichtregierungsorganisationen), kommunale Ebene sowie die politische Ebene (Gesetze). Beim Settingansatz stehen nicht primär der einzelne Mensch und sein individuelles Verhalten im Mittelpunkt. Der Fokus und die Erfolgsfaktoren liegen in einer zielgruppenorientierten Gesundheitsförderung im Alltag in einem sozialen System. Menschen verbringen einen großen Teil ihrer Zeit dort und wenden Gelerntes sofort praxisnah an. In Gruppen wird das Wir-Gefühl verstärkt. Niemand ist allein mit seinem Problem. Man tauscht sich untereinander aus und unterstützt. Ideal für ein Setting ist das Zugehörigkeitsgefühl zur Gruppe, also eine aktive Mitgliedschaft sowie möglichst geringe Fluktuation und idealerweise klare Regeln und Strukturen (vgl. BZgA 2018, S. 892 ff.). Dabei ist es entscheidend, hierarchisch und professionell mit Erfahrungen u. a. aus der Organisationsentwicklung vorzugehen, um möglichst passgenau entsprechend seiner Gruppenzugehörigkeit, jedoch ohne Fokus auf das Individuum (vgl. Altgeld und Kolip 2018, S. 63 f.) zu agieren.

Willst Du Dir nach so viel Wissenschaft jetzt am liebsten die Kante geben? Lust auf einen Drink?

Nach so viel wissenschaftlichem Arbeiten und der langen Liste an Literatur jetzt eine Belohnung aus dem Standmixer? Kein Problem. Fitnessprinzessin Eva hat einen Banane-Pfirsich-Joghurt-Drink zusammengestellt. Ohne Alkohol. Wer meint, kann das Rezept vielleicht mit Eierlikör aufwerten? Du findest es in der alkoholfreien Variante als Begleitmaterial zum Buch unter www.coaching-lehmann.de/ast.

3.7 Prävention von Burn-out und Bore-out – unwissenschaftlich

Nach dieser wissenschaftlichen Darstellung erklären wir Dir das Thema Prävention nochmal, wie wir es verstehen. Die Flipcharts verwendet Peter Buchenau in seiner Dozententätigkeit (Abb. 3.2).

Prävention bedeutet für uns, dass es zwei Konstanten bzw. Richtlinien gibt: Lebenszeit und Lebensqualität. Ziel jedes Menschen ist es, über seine Lebenszeit hinweg die eigene Lebensqualität möglichst kontinuierlich zu erhöhen. Dazu zählt ein besseres Gehalt, mehr Anerkennung im Studium bzw. Job und auch, individuelle Ziele zu erreichen. Im persönlichen Bereich kann dies zum Beispiel auch Familiengründung mit Heirat und Kindern bedeuten.

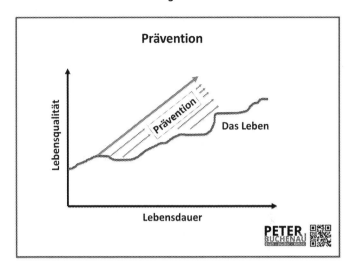

Abb. 3.2 Prävention

Das Bild verdeutlicht, dass der Verlauf nicht immer geradlinig ist. Höhen und Tiefen, Auf und Ab. Manchmal geht es schneller, ab und zu stockt es möglicherweise. Das Leben von uns Menschen ist sehr individuell. Das ist völlig normal. Wer seiner Vision folgt, behält – trotz widriger Umstände – kontinuierliche Verbesserungen im Blick.

Wo befindet sich der Startpunkt? Bei uns in Mitteleuropa gehen wir von einer gewissen Lebensqualität aus, die individuell und eventuell subjektiv etwas höher oder niedriger ausfällt. Dies kann zum einen abhängig davon sein, in welche Familiensituation wir hineingeboren werden, oder auch vom familiären Status. Das heißt, dass es Unterschiede geben kann, ob ich als Studierender aus einer Arbeiterfamilie stamme oder mein familiäres Umfeld überwiegend aus Akademikern besteht. Die Ausgangssituation kann somit sehr unterschiedlich sein, doch in den meisten Fällen befinden wir uns in Mitteleuropa auf einem hohen Ausgangslevel.

Was ist Prävention? Prävention interpretieren wir als den Puffer, den wir uns in guten Phasen schaffen, um in nicht so guten Etappen eine Abflachung der Kurve oder gar einen Absturz abzumildern oder zu verhindern. Dies erreichen wir, indem wir kontinuierlich gute Gewohnheiten etablieren. Dann können wir uns auch Auszeiten gönnen, ohne dabei ein schlechtes Gewissen zu haben.

Prävention wird für Studierende in jedem Semester gelehrt. Egal, ob nun in den Gesundheitswissenschaften oder auch bei den Maschinenbauern. Was meinen wir damit? Während Gesundheitswissenschaftler zwischen primärer, sekundärer und tertiärer Prävention unterscheiden, lernen Techniker, dass es wirtschaftlicher ist, Maschinen regelmäßig zu warten, statt einen technischen Ausfall mit Stillstand des gesamten Produktionsablaufs zu riskieren. Der Faktor liegt in etwa bei 1 zu 10.

Wenden wir dieses Beispiel auf uns Menschen an, so stellen wir fest, dass wir es mit dem Verhältnis 1 zu 10 nicht immer so genau nehmen. Gerade in Klausurphasen oder anderen stressigen Zeiten kann es gegebenenfalls passieren, dass dieses Verhältnis von Anspannung und Entspannung möglicherweise sogar umzukehren droht. Auf zehn Arbeitsetappen folgen gar nur ein bis zwei Zeitfenster der Entspannung. Wenn wir hier auf Dauer Raubbau mit uns betreiben, dann geraten wir früher oder später in den roten Bereich der zwölf Stufen des Burnouts (Abb. 3.3).

Welche Erkenntnisse ziehen wir daraus? Habe Spaß und lebe in einem lebenswerten Umfeld.

> Gib jedem Tag die Chance, der Schönste Deines Lebens zu werden. (Mark Twain)

Abb. 3.3 Zwölf Stufen bis zum Burn-out

3.8 Habe Spaß, lebe in einem lebenswerten Umfeld (Wohnen, Sport, Freunde bzw. Kontakte)

Hast Du in Abschn. 3.4 Frieden mit Dir geschlossen und bist mit Dir eine heimliche Liebesaffäre eingegangen? Dann habe jetzt Spaß. Genieße Deine Studienzeit. Lass Dir einen guten Rat geben von „alten Hasen": Habt Spaß, ihr „jungen Wilden" und genießt euer Studierendenleben. Die Routine des Arbeitsalltags kommt schneller auf euch zu, als euch lieb ist.

> Koste Dein Studium aus und lass Dich nicht hetzen!
> (Frank Arthaber, Student)

Kostet ein Studium aus, statt mit höchster Priorität noch vor Ende der Regelstudienzeit fertig zu werden. In der heutigen Zeit ist es nach unserer Einschätzung wichtig, einen Abschluss bzw. ein Studium absolviert zu haben. Doch es ist weniger wichtig, wie schnell und auch wie exzellent Du es geschafft hast. Im Vordergrund steht die persönliche Flexibilität. Noten sind relativ, wenn Du nicht bei den Stars und Sternchen, zum Beispiel einer berühmten internationalen Unternehmensberatung anheuern möchtest. Der mittelständigen Industrie reicht beispielsweise ein gutes bis ordentlich abgeschlossenes Studium. Ein bis zwei Semester mehr spielen hier keine Rolle. Teile Dein Studium in Häppchen auf. Vergleiche es damit, gesund abzunehmen. Zwölf Kilo in drei Monaten kann durchaus machbar sein. Doch wie gesund und sinnvoll ist das? Diejenigen, die sich mit Diäten auskennen, wissen bestimmt um den Jojo-Effekt. Wenn Du Dir Ziele setzt, die so eng sind, wie ein Sieg im Elfmeterschießen beim Fußball im DFB-Pokal manchmal sein kann, dann ist der Misserfolg häufig vorprogrammiert. Was geht Dir durch den Kopf, wenn Du in Deinem Spiel also nur dann gewonnen hast, wenn Du zwölf Kilo in exakt drei Monaten erreicht hast? Was passiert, wenn Du für zwölf Kilo drei Monate und 15 Tage brauchst oder in drei Monaten nur zehneinhalb Kilo Gewichtsreduktion erreicht hast? Negative Assoziationen können Dich schnell an den Rand des Abgrunds bringen. Vermeide das.

Leichter und geschickter ist es, Dir Jahresziele mit monatlichen Teilzielen zu setzen. Zwölf Kilo abnehmen in zwölf Monaten bedeutet, jeden Monat ein Kilo Gewichtsreduktion. Diese Teilziele kannst Du locker angehen und Deine zwölf Etappensiege mit zwölf vorab ausgewählten Belohnungen feiern. Was bedeutet das, übertragen auf Dein Studium? Teile Dir Deine Studienzeit in kleine überschaubare Etappen auf und belohne Dich nach jedem abgeschlossenen Modul.

Welche Art von Belohnungen kommt infrage? Überlege Dir, was für Dich zu einem coolen Studierendenleben mit Spaß in einem lebenswerten Umfeld dazugehört. Mach Dir Notizen. Ein großer Schreibtisch? Ein Zimmer in einer WG mit ausreichend Platz? Ein gutes Notebook? Nette Kommilitonen in Deiner WG und im gleichen Semester? Neue Freunde finden? Besondere Kontakte, vielleicht zu möglichen Arbeitgebern finden? Es wird Dir sicherlich nicht schwerfallen, Dein Studierendendasein möglichst angenehm zu gestalten, oder? Hier einige Tipps anderer Studierenden, die Du Dir als Belohnung gönnen kannst. Wenn Du magst, verschönere Dein Umfeld noch. Frische Blumen auf Deinem aufgeräumten und sauberen Schreibtisch?

Ab und zu Staub wischen nicht vergessen

> Dieser Tipp mag vielleicht witzig klingen, jedoch kann ich wirklich aus eigener Erfahrung sagen, dass regelmäßiges Staubwischen mir besonders im Wintersemester hilft, gesund zu bleiben.
> (Christina Ott)

Ordentlicher Tisch

> Natürlich ist gerade während der Lern- und Klausurenzeit der Schreibtisch besonders anfällig unordentlich zu werden. Da verliert man nach einiger Zeit den Überblick. Daher kann ich empfehlen, auch in Lernzeiten, besonders dann, Ordnung auf dem Schreibtisch zu halten.
> (Christina Ott)

Oder gönnst Du Dir ein neues Trainingsshirt, wenn Du Deine Hausarbeit hinter Dich gebracht hast? Nein, versteh uns bitte richtig. Belohnungen müssen nicht materieller

Art sein und brauchen auch nicht viel kosten. Blumen kannst Du Dir auf einer Wiese pflücken und dabei die Natur genießen. Mit Freunden gemeinsam zu trainieren an der frischen Luft, kostet auch kein Geld. Vielleicht gibt es an eurer Universität bzw. Hochschule interessante Sportangebote zum Ausprobieren? Schau Dich einfach mal um, was bei euch vor Ort angeboten wird.

Raphael Bräuningers Tipps

- Führe Körperdehnungs-Routinen ein
- Gehe regelmäßig im Freien spazieren
- Suche Dir Trainingsbuddies

Ein anonymer Student hat Ultimate Frisbee für sich entdeckt. Ein schöner Nebeneffekt dieses Sports ist für ihn, dass er nach dem Training oder nach einem Turnierwochenende körperlich immer so kaputt ist, dass er nachts tief und fest durchschlafen kann.

Sport ist eine gute Möglichkeit, neue Leute kennenzulernen, mit denen Du nicht nur gemeinsam lernen, sondern auch andere Dinge unternehmen kannst. Wir sind uns darüber bewusst, dass dies ein fortwährender Prozess ist. Wie im Berufsleben auch, wirst Du ständig neue Kontakte knüpfen. Leider verschwinden auch einige Menschen, die Du liebgewonnen hast, aus unterschiedlichen Gründen aus Deinem persönlichen Netzwerk. Wichtig ist daher, Kontakte zu pflegen und wenn Du es möchtest, auch dann weiter Kontakt zu halten, wenn man sich räumlich voneinander trennt. Das ist nicht immer leicht, aber das Leben ist einem stetigen Wandel unterworfen.

Eine Studentin im Master beschreibt ihre Herausforderung mit Beginn des Masterstudiengangs mit den Worten:

Ein Thema ist auch, wie sich das eigene Umfeld entwickelt. Gerade beim Studium an der Uni hast Du ständig andere Menschen um Dich und nicht die konstanten Freunde. Im Bachelor waren wir ein großer Freundeskreis. Dann haben zwischen dem zweiten und dem vierten Semester fünf Leute das Studium an den Haken gehängt. Von den verbleibenden vier Kommilitonen haben zwei nach dem Bachelor aufgehört, sodass wir im Master anfangs nur zu zweit waren. Dann kommen aber gerade zum Master wieder viele Neue dazu. Die Fächerplanung ist weniger starr und Du lernst wieder neue Leute kennen. Dasselbe Spiel im Studierendenwohnheim – viel Fluktuation. Das ist etwas, was auch definitiv notwendig ist, gleichzeitig aber auch ein Prozess, bei dem man merkt, wie viele Kontakte nach kurzer Zeit auch verschwinden, während andere dann doch bleiben. (Studentin im Master)

Welchen Wert haben für Dich Familie, Freundschaft und Partnerschaft? Sie geben Dir nicht nur Rückhalt in schwierigen Zeiten, sondern bleiben Dir häufig länger erhalten als die Kommilitonen im Studium. Setze trotzdem nicht alles auf eine Karte. Wenn Du zu der Erkenntnis kommst, dass Du für so viele Mitmenschen gar keine Zeit hast, dann schau genauer hin, mit wem Du Deine Freizeit verbringen möchtest.

Eine gute Mischung aus Kommilitonen, lockeren Kontakte, echten Freundschaften und Deiner Familie sind für viele Studierende ein sicherer Hafen, in dem ein Schiff auch bei schlimmstem Sturm anlegen kann. Geborgenheit, Vertrauen und Sich-aussprechen-Können sind wichtig. Gute Freundschaften überdauern auch Zeiten räumlicher Trennung. Auch wenn Ehe für Dich vielleicht altmodisch klingen mag – in guten wie in schlechten Zeiten. Welche Bedeutung hat dieser genaue Wortlaut für Dich persönlich?

3.9   Deine Vision im Blick behalten, sich Ziele setzen

Wie gestaltest Du Dein Leben und Dein Studium? (Abb. 3.4)

Die Idee von Peter Buchenau – „manage your life" – beinhaltet einen immerwährenden Kreislauf, in dem Du als Mensch und Student oder Studentin im Mittelpunkt stehst. Schaue Dir das Flipchart an.

1. Purpose, also Ziel und Sinn
2. Empowerment, beinhaltet wollen – können und dürfen
3. Relation, also Beziehungen und Netzwerke
4. Flexibility bzw. Change Management, also die Fähigkeit, mit Veränderungen umzugehen
5. Optimism bzw. Optimismus und Motivation für das Tun

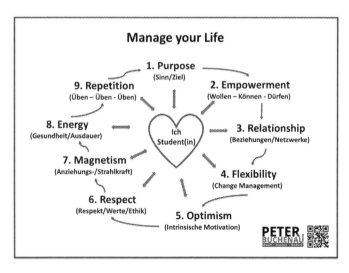

Abb. 3.4 Manage your life

6. Respect – Respekt vor sich selbst und seiner eigenen Leistungsfähigkeit, aber auch vor anderen
7. Magnetism – die persönliche Stahlkraft: Was strahlst Du aus?
8. Energy, also Deine Lebensenergie, Deine körperliche und seelische Kraft und Gesundheit
9. Repetition – üben, üben, üben – denn nur Übung macht den Meister.

Der Kreis schließt sich an dieser Stelle wieder. Wenn Du es durch Übung zu Deiner persönlichen Meisterschaft gebracht hast, dann ist es oft schon wieder an der Zeit für ein neues Abenteuer bzw. Ziel.

Unser Leben besteht aus einer kontinuierlichen Abfolge von Veränderungsprozessen. Oft ist es klar, wie die nächsten Ziele und die nächsten Schritte aussehen. Manchmal bleibt der Blick auf das, was Dir in Deinem Leben als Mensch wirklich wichtig ist, aber auch im nebligen Sumpf verborgen. Dann ist es Zeit, Deine Ver-änderungskreativität$^©$ zu wecken, um aus dem Dickicht des Alltags wieder kreativ herauszufinden. Wie das im Detail funktionieren kann für Studierende, ist im Anti-Stress-Trainer für Fernstudierende und dem Übungsbuch zum Anti-Stress-Trainer für Fernstudierende ausführlich beschrieben. Dort findest Du zahlreiche inspirierende Übungen.

Hier eine komprimierte Zusammenfassung, was damit gemeint ist. Mit Veränderungskreativität$^©$ ist eine positive Energie gemeint, die Du selbst dann aus einer Situation ziehen kannst, wenn Du kurz davor bist, zu scheitern bzw. gar gescheitert bist, aber offen bist für neue kreative Idee, die Dir einen Weg aus Deiner Krise zeigen. Wenn Du also Schwierigkeiten hast, aus dem obigen Modell bei Punkt 1 Sinn und Ziel zu formulieren, dann führe zunächst einer Bestandsaufnahme Deiner Ziele und Träume durch. Die

Betonung liegt auf DEINER Zielsetzung, nicht einer Zielsetzung anderer Menschen, die an Dich adressiert wurde. „First never follows" – Der Erste folgt nie! (Buchenau 2018). Hilfreich sind Fragen, die Coaches stellen oder auch Ereignisse im Weltgeschehen, die Dich tangieren bzw. berühren und zum Nachdenken anregen. Ein Beispiel findest Du bei Yesil (2019). Anregungen, um Dein eigenes Leben spielerisch aufzuarbeiten, gibt es u. a. in Büchern zum Selbstausfüllen wie von Tripolina (2018). Auch der Titel von Peter Buchenau *Mach, was dein Herz dir sagt* kann helfen, Deine eigene Persönlichkeit zu entdecken, zu leben und Spuren zu hinterlassen (Buchenau 2018). Mit kreativen Übungen und Spielen weckst Du Deine Veränderungskreativität©. Um Spitzenleistungen zu erzielen, werden etwa 10.000 Übungsstunden benötigt, so Duckworth (2017), die den Psychologen K. Anders Ericsson (2012) zitiert. Dahin kommst Du, wenn Du im Manage-your-life-Kreislauf die Schritte 2 bis 9 gehst, um dann mit neuen Zielen wieder bei eins anzufangen.

> **Julia Krieger: Setze Dir ein Ziel, das Du mit vollem Herzblut verfolgen kannst**
>
> Erst als ich mich für etwas entschieden habe, das mir selbst am Herzen liegt und mir wirklich Spaß macht, fiel mir alles leichter und vieles ist nicht mehr so stressig. Stressige Momente gibt es zwar auch bei Herzensangelegenheiten, aber dennoch kann man sich besinnen, für welches Ziel man arbeitet. Also findet heraus, welcher Beruf für euch bestimmt ist und in welchem ihr euch wohl fühlt und Spaß habt. Auch wenn der Weg bis dahin etwas länger dauern sollte und ihr über Umwege gehen müsst, am Ende wird es sich auszahlen.

Es ist wunderbar, vielleicht sogar ein berauschendes Gefühl, ein Ziel mit ganz viel Herzblut zu verfolgen. Du kommst dabei so richtig in Flow und vergisst womöglich Raum und Zeit, weil Du ganz in Deiner Aufgabe aufgehst. Wichtig ist aber auch die Erkenntnis, die Julia Krieger in diesem Zusammenhang gewonnen hat.

Tipp

Lass Dich nicht unter Druck setzen, vor allem nicht von Dir selbst. Du bestimmst selbst Dein Tempo und manche sind schneller als andere und manche nicht. Dadurch sollte man sich nicht verrückt machen lassen und stolz auf alles sein was man bisher erreicht hat. Ich habe mir selbst das Tempo genommen und gelernt, dadurch kein schlechtes Gewissen zu haben. Ich habe mir selbst den Zeitstress und die Hektik im Alltag genommen. Die Ausgeglichenheit, die ich dadurch bekommen habe, hilft mir besser, mit Leistungsdruck und Zukunftsängsten umzugehen.

(Julia Krieger, Studentin)

Falls Du in einer persönlichen Krise steckst, dann gibt es unterschiedliche Möglichkeiten, da wieder herauszukommen. Studentin Natalie Becker bringt es wie folgt auf den Punkt:

Tipp

- Finde Deine Motivation wieder!
- Schaffe Dir eine Struktur!
- Nimm Dir eine Auszeit!
- Gehe positiv an Herausforderungen heran!
- Glaube an Dich selbst und zweifle nicht an Dir! Du schaffst das!

(Natalie Becker)

Deine Vision im Blick? Eigene Ziele vor Augen, Zeit zum Träumen?

Nein, kein Zauber aus Tausendundeiner Nacht, keine klassische „heiße Liebe" mit heißen Himbeeren, aber trotzdem himmlisch. Fitnessprinzessin Eva hat Schokoladen-Himbeer(-Protein)-Törtchen gebacken, was in der klassischen Version ohne Proteinpulver, dafür mit lecker Vanillepudding, Haferflocken, ordentlich fettem Frischkäse oder gar Mascarpone auch älteren Semestern schmeckt. Wer seine Eltern am Wochenende mal einladen mag, um ihnen von der eigenen Vision zu erzählen und um ihre Unterstützung zu werben, dem hilft vielleicht das Rezept, das ihr unter www.coaching-lehmann.de/ast findet.

3.10 Die Qual der beruflichen Wahl – nach dem Bachelor oder Master?

Dein Studium neigt sich dem Ende? Welche Pläne hast Du für Deine Zukunft? Hast Du eine klare Vision oder fischst Du noch im Trüben? Vielleicht hast Du schon einige Ideen, was Du mit Deinem Studium anfangen kannst, aber entschieden hast Du Dich noch nicht? Wir haben einige Studierende befragt, die kurz vor der Thesis stehen. Hier einige Antworten:

Mit meinem Studium könnte ich in sehr vielen verschiedenen Feldern arbeiten. Ich könnte eine Anlage konstruieren, ich könnte im Labor stehen und Versuche machen oder aber Simulationen programmieren.

Was davon will ich eigentlich später machen? Habe ich dann überhaupt die Wahl, oder muss man auf dem Jobmarkt nehmen, was man kriegt? (Studentin der Chemieingenieurwissenschaft)

Also eigentlich denke ich im Studium „step by step" bzw. eher von Klausur zu Klausur, bis es dann zeitnah auf solche Dinge wie jetzt z. B die Bachelorarbeit (BA) zu geht. Da denke ich schon öfter an die BA und wie es dann danach im Master weitergeht. (Studentin der Sportwissenschaft)

Offene Türen als Sprungbretter ins Berufsleben sieht nicht nur Studentin Melanie für sich. Das Leben ist so vielfältig geworden. Auch durch eine Pandemie mit Lockdown ergeben sich neue Möglichkeiten, an die zuvor niemand gedacht hat. Blicke einmal zurück auf die Zeit im Frühjahr 2020. Was hat sich hier innerhalb kürzester Zeit für Dich verändert. Wie bist Du damit umgegangen? Was hast Du in dieser Zeit gelernt, was Dir für Deine berufliche Zukunft weiterhilft?

Weißt Du jetzt, dass Du in Deinem späteren Job mit Menschen arbeiten möchtest? Hast Du Deine Kommilitonen vermisst, als die Uni wegen Corona geschlossen war? Oder warst Du froh darüber, endlich in Ruhe allein Deine Hausarbeiten schreiben zu können? Bist Du ein Mensch, der es genießt, ganz in Ruhe für sich zu arbeiten und eigene Ideen zu entwickeln?

Solche einfachen Antworten helfen Dir weiter, um Dir darüber klar zu werden, wie Dein Job aussehen kann. Greifen wir das Zitat der Studentin der Chemieingenieurwissenschaften auf. Sie mag es, allein im Labor zu stehen und Versuche zu machen bzw. allein Simulationen zu programmieren. Ein Job, bei dem sie vor anderen Menschen präsentieren soll, ist nichts für sie.

Die Studentin der Sportwissenschaft hingegen vermisst ihre Kurse, nicht nur an der Uni, sondern auch die im Sportzentrum. Dort gibt sie Rückenfitkurse für Menschen, die den ganzen Tag in einem Büro vor dem PC sitzen und deshalb Rückenschmerzen haben. Sie freut sich darauf, dass die Kurse bald weitergehen können. Das Miteinander hat ihr in Zeiten von Corona am meisten gefehlt. Die Studienfahrt, eine Skifreizeit von der Uni, wurde auch abgesagt. Einen Ersatztermin gibt es nicht.

Melanie hat die Erfahrung gemacht, wie schnell ihre Universität auf Onlinesemester umstellen kann. Sie genießt es, in Ruhe zu Hause zu lernen und auch online ihre Klausuren zu schreiben. Für diejenigen, die kleine Geschwister zu Hause haben, ist das aber nicht so einfach, sagt sie. Im Job möchte sie auf jeden Fall später eine Kantine haben. Zwar hat ihr die Mensa in der Uni nicht gefehlt, doch lag das daran, dass sie zu Hause regelmäßig mit einem leckeren gekochten Mittagessen versorgt wurde. Und einmal in der Woche gab es Pizza, per Lieferservice vom Lieblingsitaliener. Auch so lässt es sich gut im Onlinesemester zu Hause leben.

> Ein Studium an einer Universität oder Hochschule kann viele Türen öffnen und zum Sprungbrett in das Berufsleben werden. Bevor man jedoch schließlich am Ende mit dem Abschlusszeugnis in der Hand in die weite Welt ziehen kann, benötigt es jede Menge Selbstdisziplin und Durchhaltevermögen. (Melanie Scheuermann, Studentin)

3.11 Leadership statt Managerfähigkeiten entwickeln

Nein, wir wollen keine Managerfähigkeiten entwickeln. Also nicht direkt. Nach unserer Auffassung passt dieses Wort nicht länger in Bild unserer Gesellschaft. Bewegen

Abb. 3.5 Leading is the future – not managing!

wir uns gerade weg vom Weg zum Management, hin zum Leadership, statt Managerdasein (Abb. 3.5)?

Vorgesetzte haben heute die Funktion, die Ausführung von Aufgaben weiterzuleiten. Aufgaben bzw. Tasks stehen auf der Tagesordnung. Sie wollen erfüllt werden. Dafür brauchen diejenigen, die die Aufgaben erledigen sollen, neben der Aufgabe auch Informationen. Dies erledigt der Leader. Er packt mit an, lebt das vor, was er von seinen Mitarbeitern erwartet, hat Visionen und Strategien im Kopf, die er authentisch und menschlich umsetzt. Nicht mehr, aber auch nicht weniger verstehen wir unter Leadership.

Wie bereitet Dich Dein Studium darauf vor? Momentan erhältst Du eher Aufgaben und wenn es gut läuft, auch die dafür nötigen Informationen. Das ist das Prinzip des Bachelorstudiums. Grundlagen zu schaffen. Im nächsten Schritt wird es dann darum gehen, sich selbst Informationen zu besorgen, diese auszuwerten und für Deine Zwecke aufzuarbeiten. Das passiert oft in Gruppenprojekten, umfangreicheren Hausarbeiten oder der Thesis. Du hast Dir eine Basis geschaffen, mit der Du selbst anpackst, um dann im nächsten Schritt anderen vorzuleben, wie Du eine Aufgabe begreifst. Visionen und Strategien hast Du auch entwickelt. Bleibt nur noch, dabei authentisch zu bleiben und mitmenschlichen Umgang zu kultivieren. Ja, kultivieren. Vage einen Blick in die Agrarwissenschaften. Kultivieren kommt von Kultur und hat damit eine gewisse Geschichte und Tradition. Schlage hierzu einmal verschiedene Definitionen nach. Weitläufig fassen wir mit Kultur all das zusammen, was von Menschen erschaffen bzw. aus etwas Gegebenem hervorgebracht wird. Kulturpflanzen werden gezüchtet, gehegt und gepflegt – statt sie so wenig ausgereift anzunehmen, wie wir sie in der Natur bzw. im Alltag unverändert vorfinden.

Kultur hat also den Charakter eines gewissen Reifeprozesses – nicht nur in der Welt der Pflanzen. Überlege Dir daher, wie Du persönlich reifen, wachsen und gedeihen möchtest. Dabei kann Dir der folgende Abschnitt helfen.

3.12 Noch mehr Studium generale? Master oder Ausland?

Du allein entscheidest, was für Dich gut und richtig ist. Ob dies mehr Studium generale, ein Master oder ein Auslandssemester ist, das können wir Dir wieder empfehlen, noch davon abraten.

Vielleicht findest Du Deine Berufung über ein Traineeprojekt? Eventuell hilft Dir ein Studierendenjob bei Deiner Entscheidungsfindung. Einige Studierende schwören auf Berufseignungstests oder unterschiedliche Praktika. Sammle Deine Ideen und Erfahrungen. Mache ein Brainstorming mit Menschen, die Dir wichtig sind. Werte Deine Sammlung aus und finde Deine Vision (Abschn. 3.9).

Wie auch immer Du Dich entscheidest: Wir wünschen Dir alles Gute auf Deinem ganz persönlichen Weg.

> Fazit: Lerne für Dich, nicht für andere. (Constantins Schempp, Student)

Nach so viel Input jetzt Lust auf Schoki?

Nachdem ihr die zwölf Erfolgskriterien für die Thesis kennengelernt habt, raucht euch vielleicht der Kopf? Schoki gefällig? Oder Kuchen?

Fitnessprinzessin Eva hat eine Schokoladen-Fitnessbiskuit-Rolle kreiert, die euch – egal ob Öko, mit Proteinpulver oder ohne, vegetarisch oder nicht, eure Pause versüßt.

Das Rezept findest Du als Begleitmaterial zum Buch unter www.coaching-lehmann.de/ast.

Literatur

Aeppli, J., Gasser, L., Gutzwiller, E., & Tettenborn, A. (2016). *Empirisches wissenschaftliches Arbeiten: Ein Studienbuch für die Bildungswissenschaften* (4 durchges). Bad Heilbrunn: Klinkhardt.

Altgeld, T., & Kolip, P. (2018). Konzepte und Strategien der Gesundheitsförderung. In K. Hurrelmann, T. Klotz, M. Richter, & S. Stock (Hrsg.), *Referenzwerk Prävention und Gesundheitsförderung. Grundlagen, Konzepte und Umsetzungsstrategien* (5., vollst. überarb. Aufl., S. 57–72). Bern: Hogrefe.

Balzert, H., Schröder, M., & Schäfer, C. (2017). *Wissenschaftliches Arbeiten* (2. Aufl.). Berlin: Springer.

Baumeister, I. (2019a). *Excel 2019 – Stufe 2: Aufbauwissen.* Passau: Bildner Verlag.

Baumeister, I. (2019b). *Word 2019 – Grundlagen für Einsteiger: Leicht verständlich. Mit Online-Videos und Übungensdateien.* Passau: Bildner Verlag.

Baumeister, I., & Schmid, A. (2019a). *Excel 2019 – Stufe 1: Grundlagen.* Passau: Bildner Verlag.

Baumeister, I., & Schmid, A. (2019b). *Word 2019 – Stufe 2: Aufbauwissen.* Passau: Bildner Verlag.

Beise, U., Heimes, S., & Schwarz, W. (2009). Prävention und Gesundheitsförderung. In U. Beise, S. Heimes, & W. Schwarz (Hrsg.), *Gesundheits- und Krankheitslehre* (S. 26–32). Berlin: Springer.

Bergmann, K., Deutsche Presseagentur. (2020). Löws Aufruf an die Welt: „Wir müssen uns hinterfragen". Schwäbische Zeitung. https://www.schwaebische.de/sport/ueberregionaler-sport_artikel,-löws-aufruf-an-die-welt-wir-müssen-uns-hinterfragen-_arid,11201651.html. Zugegriffen: 22. März 2020.

Brieskorn-Zinke, M. (2006). *Gesundheitsförderung in der Pflege: Ein Lehr- und Lernbuch zur Gesundheit.* Kohlhammer.

Buchenau, P. (2018). *Mach, was dein Herz dir sagt; Folge deiner Spur, um Spuren zu hinterlassen.* Regensburg: Walhalla und Praetoria.

Bundeszentrale für gesundheitliche Aufklärung – BZgA (Hrsg.). (2015). *Gute Praxis für gesundheitliche Chancengleichheit – Die Good Practice-Kriterien und Praxisbeispiele.* Köln.

Bundeszentrale für gesundheitliche Aufklärung (BZgA). (Hrsg.). (2018). *Leitbegriffe der Gesundheitsförderung.* BZGA – Federal Centre for Health Education.

Duckworth, A. (2017). *GRIT; Die neue Formel zum Erfolg: mit Begeisterung und Ausdauer zum Ziel*. München: C. Bertelsmann.

Ericsson, K.A. (2012). The Danger of Delegating Education to Journalists: Why the APS Observer Needs Peer Review When Summarizing New Scientific Developments; unveröffentlichtes Manuskript. Department of Psychology, Florida State University. https://psy.fsu.edu/faculty/ericssonk/ericsson.hp.html. Zugegriffen: 01. Jan. 2020.

Faller, G. (2008). Zukünftige Herausforderungen für eine systemische arbeitsweltbezogene Gesundheitsförderung. In E. Göpel (Hrsg.), *Systemische Gesundheitsförderung (Gesundheit gemeinsam gestalten* (Bd. 3, 1. Aufl., S. 130–143). Frankfurt a. M.: Mabuse.

Faltermaier, T. (2018). Prävention und Gesundheitsförderung im Erwachsenenalter. In K. Hurrelmann, T. Klotz, M. Richter, & S. Stock (Hrsg.), *Referenzwerk Prävention und Gesundheitsförderung. Grundlagen, Konzepte und Umsetzungsstrategien* (5., vollständig überarbeitete Aufl., S. 101–112). Bern: Hogrefe.

Filipp, S.-H. (2002). Kritische Lebensereignisse. In R. Schwarzer, M. Jerusalem, & H. Weber (Hrsg.), *Gesundheitspsychologie von A bis Z* (S. 345–348). Göttingen: Hogrefe.

Göpel, E. (2001). Gesundheitsförderung als gesellschaftliche Gestaltungsaufgabe. In G. Hölling & E. Göpel (Hrsg.), *Gesundheit gemeinsam gestalten – Allianz für Gesundheitsförderung* (S. 39–52). Frankfurt a. M.: Mabuse.

Hofmeister, A. (2012). Modell-Bildungen für die Lehre und Praxis nachhaltiger Gesundheitsförderung. In E. Göpel (Hrsg.), *Nachhaltige Gesundheitsförderung* (Gesundheit gemeinsam gestalten, Bd. 4, 2. Aufl., S. 338–353). Frankfurt am Main: Mabuse.

Hurrelmann, K., & Laaser, U. (2006). Gesundheitsförderung und Krankheitsprävention. In K. Hurrelmann (Hrsg.), *Handbuch Gesundheitswissenschaften* (4., vollst. überarb. Aufl., S. 749–755). Weinheim: Juventa.

Hurrelmann, K., Klotz, T., Richter, M. et al. (Hrsg.). (2018). *Referenzwerk Prävention und Gesundheitsförderung. Grundlagen, Konzepte und Umsetzungsstrategien* (5., vollst. überarb. Aufl.). Bern: Hogrefe.

Kaba-Schönstein, L. (2018). Gesundheitsförderung 1: Grundlagen. In Bundeszentrale für gesundheitliche Aufklärung (BZgA) (Hrsg.), *Leitbegriffe der Gesundheitsförderung.* BZGA – Federal Centre for Health Education.

Lehmann, S. (2020a). *Anti-Stress-Trainer für Fernstudierende.* Wiesbaden: Springer.

Lehmann, S. (2020b). *Übungsbuch zum Anti-Stress-Trainer für Fernstudierende.* Wiesbaden: Springer.

Pinquart, M., & Silbereisen, R. K. (2018). Prävention und Gesundheitsförderung im Jugendalter. In K. Hurrelmann, T. Klotz, M. Richter & S. Stock (Hrsg.), *Referenzwerk Prävention und Gesundheitsförderung. Grundlagen, Konzepte und Umsetzungsstrategien* (5., vollst. überarb. Aufl., S. 89–99). Bern: Hogrefe.

Rau, H. (2016). *Der „Writing Code": Bessere Abschlussarbeiten in kürzerer Zeit.* Baden-Baden: Nomos.

Stangl, W. (2020). Stichwort: ‚Prokrastination'. Online Lexikon für Psychologie und Pädagogik. https://lexikon.stangl.eu/814/prokrastination/. Zugegriffen: 6. Januar 2020.

Tolle, E., & Ifang, E. (2002). *Leben im Jetzt* (14. Aufl). Arkana, München: Goldmann Arkana.

Tripolina, D. (2018). *Alles über mich; 1000 Fragen.* München: riva.

Yesil, N.A. (2019). *Knack Dein Gehirn für Deinen Erfolg!* Berlin, Heidelberg: Springer.

4

Energieregeln für jeden Tag – Fünf Thesen nach Buchenau und Lehmann

Fassen wir nochmal die zwölf Erfolgskriterien für den Abschluss Deines Studiums zusammen und leiten daraus fünf Thesen nach Buchenau und Lehmann ab, die Dir nicht nur zum Studienende, sondern auch darüber hinaus weiterhelfen können, energiegeladen durch Dein Leben zu gehen.

Im vorherigen Kapitel haben wir die zwölf Erfolgskriterien für das Studium im Detail betrachtet. Hier nochmal zusammengefasst:

- Strukturiere Deinen Tag
- Gönne Dir Auszeiten, ohne aufzuschieben
- Achte auf Deine Gesundheit, Deinen Körper, Deinen Geist und sorge für guten Schlaf
- Schließe Frieden mit Dir und Deiner Leistungsfähigkeit
- Bewege Dich regelmäßig und treibe Sport

© Der/die Autor(en), exklusiv lizenziert durch Springer
Fachmedien Wiesbaden GmbH, ein Teil von Springer Nature 2021
P. Buchenau und S. Lehmann, *Der Anti-Stress-Trainer für Studierende*, Anti-Stress-Trainer,
https://doi.org/10.1007/978-3-658-32437-7_4

- Schaffe Dir ein lebenswertes Umfeld und habe Spaß mit Deinen Freunden
- Prävention von Burn-out und Bore-out
- Etwas Theorie muss auch sein: Wissenschaftliches Arbeiten im Schnelldurchlauf
- Studium generale mit Office 365 und Citavi
- Lebe Deine Vision und setze Dir Ziele
- Überdenke Deinen beruflichen Einstieg
- Entwickle Managerfähigkeiten
- Noch mehr Studium generale? Master oder Ausland?

Diese zwölf Erfolgskriterien können wir allgemeingültig in fünf studentische Energieregeln nach Buchenau und Lehmann zusammenfassen:

- Ein optimaler Wochenplan beinhaltet klar strukturierte Tagespläne, einen freien Tag nur für Dich und kreative Ideen sowie eingeplante Auszeiten zur Entspannung.
- Voraussetzung für hohe Leistungsfähigkeit auf Dauer sind ein gesunder Körper, ein gesunder Geist, guter Schlaf sowie regelmäßige Bewegung, gern an der frischen Luft.
- Schließe Frieden mit Dir, Deiner Leistungsfähigkeit und Deinen Ansprüchen und gestalte Dir ein für Dich lebenswertes Umfeld.
- Zum Studium generale gehört neben dem wissenschaftlichen Arbeiten, Office 365 und Citavi auch die Entwicklung von Managerfähigkeiten.
- Die Entwicklung Deiner beruflichen Vision steht im Vordergrund. Daraus ergibt sich, ob sich ein Masterstudiengang oder ein Auslandssemester für Dich lohnen.

Führe Dir diese fünf studentischen Energieregeln immer wieder vor Augen. Sie fassen die zwölf Erfolgskriterien für das Studium gut zusammen. Merke Dir also: Fünf vor zwölf.

Es ist nie zu spät für eine glückliche Kindheit bzw. Studienzeit. Auch auf Deinen letzten Metern zur Thesis nicht.

4.1 Heute beginnt der Rest Deines Lebens – die junge Generation hat andere Werte

Bei unserer Arbeit mit Studierenden ist uns eines klar geworden. Ihr, die jungen Wilden, habt andere Werte als wir. Und nun? Eine gute Möglichkeit, damit umzugehen, um nicht Generationen in Konflikten aufeinanderprallen zu lassen, sind Spielregeln für ein gelungenes Miteinander. Dies setzt Verständnis voraus, wie die anderen ticken.

Und? Wie tickt ihr? Es sind bereits einige Bücher darüber veröffentlicht, wie ihr tickt, was euch ausmacht und welche Werte ihr in eurem Leben habt. Die Shell-Jugendstudie zu lesen, ist eine Möglichkeit, eure Beweggründe besser zu verstehen. Dazu gibt es Ratgeber für Eltern wie *Netzgemüse* von Tanja und Johnny Haeusler über die Aufzucht der Generation Internet.

Wir – damit meine ich die älteren Generationen, zu denen auch wir als Autoren dieses Buchs gehören –, haben einen guten Einblick gewonnen, wie ihr tickt. Um eure Generation besser zu verstehen, könnt ihr selbst einen großen Teil dazu beitragen. Gebt anderen die Chance, an eurem Leben und euren Werten teilzuhaben. Voraussetzung für gegenseitiges Verständnis und ein gutes Miteinander ist allerdings auch, dass sich alle Generationen miteinander verständigen und bestmöglich miteinander auskommen. Heute beginnt der Rest Deines Lebens.

Daher verschwende keine Zeit mehr mit Konflikten und Stress, wenn es sich vermeiden lässt.

Lasse den Stress Deines Studiums, den Du Dir selbst machst !!!, hinter Dir. Wenn Du immer noch glaubst, dass es andere sind, die Dir Stress machen, dann vertiefe Deine Lektüre nach Wiederholung des Abschn. 2.2 und 2.3 zum Beispiel mit Büchern von Wolf und Merkle oder Byron Katie.

Heute beginnt der Rest Deines Lebens. Du hast es in der Hand, wie Du Dein Leben gestaltest. Ja, es gibt Päckchen, die jeder von uns zu tragen hat (Abschn. 3.4), doch trotzdem sind wir der Überzeugung, dass Du sehr viel beeinflussen kannst, wenn Du Deine Vision entwickelt und im Blick hast und Dein Leben danach ausrichtest (Abschn. 3.9).

Wir freuen uns, wenn Du es mit unseren Tipps schaffst, Dein Studium zu einem guten Abschluss zu bringen und ein tolles Leben zu leben. Wenn Du magst, dann schreib uns Deine Erfahrungen.

4.2   Führungskräfte von Morgen – was wir von den jungen Wilden lernen können

Auch wir haben eine Menge von euch, mit euch und über euch gelernt, als wir uns damit beschäftigt haben, dieses Buch auf den Weg zu bringen. Wir haben gelernt, dass es zum Ende des Studiums nicht zu spät ist, richtig durchzustarten. Doch wir haben auch gelernt, von euch und mit euch, dass es schlau ist, sich bereits zu Anfang des Studiums grundlegende Gedanken zu machen und schon zu diesem Zeitpunkt eine Strategie in die passenden Bahnen zu lenken,

Wir haben von euch gelernt, dass in eurer Welt, in der ihr nur die Digitalisierung mit mehr oder weniger schnellem Internet kennengelernt habt, statt Lochkarten, Modems und ISDN, zwar Geschwindigkeit und Prägnanz zählen, aber dies nicht alles ausmachen.

- Danke, dass wir von euch lernen durften, dass ein passender Job für euch sehr wichtig ist, doch gleichzeitig die völlige Hingabe für einen Job bzw. einen Arbeitgeber nicht der Königsweg ist. Wenn wir von Werten sprechen, beinhaltete das oft, die eigenen Interessen hintenanzustellen und sich voll und ganz in den Dienst eines Arbeitgebers zu stellen. Heute wissen wir, dass dies zum Burn-out führen kann und oft auch führt.
- Danke, dass ihr andere Werte habt, aus denen auch unsere Generation lernen kann. Aus der Shell-Jugendstudie aus dem Jahr 2019 nehmen wir mit, dass Umweltschutz ein zentrales Thema für euch ist. Auch Schulschwänzer an Freitagen zeigen uns, dass ihr hier andere Werte habt. Schön, dass ihr zuversichtlich in die Zukunft blickt, obwohl ihr Angst vor Klimawandel und Umweltzerstörung sowie Terror und Ausländerfeindlichkeit habt. Wir sind gespannt darauf, wie die Coronapandemie eure Generation prägt. Eure Generation ist, so die Shell-Jugendstudie aus 2019, mit der Demokratie zufrieden, nicht aber mit der Politik(er) verdrossenheit. Wir sind auch gespannt, wie sich eure Werte bezogen auf Freunde, Familie und Partnerschaft weiter entwickeln nach Corona. Glauben wir der Shell-Jugendstudie aus 2019, dann haben Freunde, eine vertrauensvolle Partnerschaft und ein gutes Verhältnis mit Eltern bzw. Familie mit jeweils 90 oder mehr Prozentpunkten den höchsten Stellenwert in eurem Leben. Wie sieht das bei Dir aus ? Möchtest Du irgendwann einmal

Kinder haben? Zwei Drittel der jungen Leute bejahen das für sich. Wer wird sich dann kümmern? Beide? Wie auch immer Deine konkreten Pläne aussehen: Habe Spaß und genieße Dein Leben mit Menschen, die Dir etwas bedeuten, und Aktivitäten, die Dir Freude bereiten.

Ich (Peter Buchenau) habe von euch eine gelungene Mischung von laissez fair und Morgen-ist-auch-noch-ein-Tag gelernt. Meine Generation ist strukturierter: Wir mussten „schaffe, schaffe und (so heißt es bei Peter Buchenau im Süden) Häusle baue". In Ostwestfalen-Lippe (bei Stefanie Lehmann) heißt es „isso". Das bedeutet übersetzt: „Dann ist es eben so und muss erledigt werden".

Sicherheit hat sowohl in der Generation von Peter Buchenau als auch von Stefanie Lehmann einen anderen Stellenwert, der uns über lange Jahre anerzogenen wurde und geprägt hat. Wir schätzen an euch, dass ihr stärker als unsere Generationen den Mut habt, frei und unabhängig zu sein, neue Wege zu gehen und Kreativität beweist, euch ständig neu zu erfinden. Ja, ihr habt das ganze Leben noch vor euch. Und morgen ist auch noch ein Tag.

Freiheit hat Peter Buchenau interpretiert mit seinem Buch: *Mach, was dein Herz dir sagt (2018).*

Statt Regeln, Normen und Richtlinien hinterherzujagen, ist es an der Zeit, innezuhalten und sich zu hinterfragen. Wir haben festgestellt, eine Arbeit im Team mit euch, ihr jungen Wilden, tut uns richtig gut. Ihr seid behüteter und oft in liebevoll umsorgter Kindheit aufgewachsen und habt daher ein tiefes Gefühl von Sicherheit in euch verinnerlicht. Das bewundere ich (Stefanie Lehmann) an euch. Ihr seid mutiger als meine Generation und lasst daher schneller los, wenn euch etwas nicht passt. Danke, dass ich von euch ein anderes Verständnis von Liebe und Distanz sowie von Beständigkeit und Freiheit kennengelernt habe. Danke für eure Sicht der Welt, dass das persönliche Wohlbefinden über allem anderen stehen sollte. In meiner Generation (Generation X bzw. frühe Generation Y von Stefanie Lehmann), in der wir teils nach christlichen Wertmaßstäben erzogen wurden, stand im Mittelpunkt, auf andere Rücksicht zu nehmen und die Bedürfnisse der Mitmenschen in den Vordergrund zu stellen. Daher ist mir eure Sichtweise zunächst nicht so leicht gefallen. Doch nach vielen Gesprächen und Interviews für dieses Buch mit euch, den jungen Wilden, habe ich verstanden. Vielen Dank an euch für eure Sichtweise auf das Studium und eure Art, mit Wissen umzugehen und anders als wir „alten Hasen" bzw. auch völlig anders als die Fernstudierenden zu lernen. Ihr bringt eure jugendliche Leichtigkeit mit einer überraschend klaren Überzeugung zum Ausdruck.

4.3 Fünf Thesen nach Buchenau und Lehmann zusammengefasst für Schnellleser

Für euch ist es oft fünf vor zwölf, nicht nur beim Umweltschutz. Euer Leben findet oft auf der Überholspur statt. Daher hier nochmal unsere fünf Thesen für Schnellleser zusammengefasst.

> **Übersicht**
>
> Fünf Thesen nach Buchenau und Lehmann
>
> - Ein optimaler Wochenplan beinhaltet klar strukturierte Tagespläne, einen freien Tag nur für Dich und kreative Ideen sowie eingeplante Auszeiten zur Entspannung.
> - Voraussetzung für hohe Leistungsfähigkeit auf Dauer sind ein gesunder Körper, ein gesunder Geist, guter

Schlaf sowie regelmäßige Bewegung, gern an der frischen Luft.
- Schließe Frieden mit Dir, Deiner Leistungsfähigkeit und Deinen Ansprüchen und gestalte Dir ein für Dich lebenswertes Umfeld.
- Zum Studium generale gehört neben dem wissenschaftlichen Arbeiten, Office 365 und Citavi auch die Entwicklung von Managerfähigkeiten.
- Die Entwicklung Deiner beruflichen Vision steht im Vordergrund. Daraus ergibt sich, ob sich ein Masterstudiengang oder ein Auslandssemester für Dich lohnt.

Führe Dir diese fünf studentischen Energieregeln immer wieder vor Augen. Mache ein Foto mit Deinem Smartphone. Trage sie immer bei Dir. Sie fassen die zwölf Erfolgskriterien für das Studium, die im Kap. 3 einzeln beschrieben sind, gut zusammen. Fünf vor zwölf haben wir verstanden.

Fünf studentische Energieregeln? Klassisch ist auch Fisch

Habt ihr die fünf studentischen Energieregeln verinnerlicht? Auch Fisch und mehrfach ungesättigte Fettsäuren stehen klassisch für gesunde Ernährung. Wie wäre es mal mit Fisch?

Fitnessprinzessin Eva stellt ein Pizzarezept zur Verfügung, ob nun mit Thunfisch, lieber mit Fleisch oder vegan, das Blech ist auf jeden Fall schnell gemacht. Das Rezept findest Du als Begleitmaterial zum Buch unter www.coaching-lehmann.de/ast.

Literatur

Buchenau, P. (2018). *Mach, was dein Herz dir sagt; Folge deiner Spur, um Spuren zu hinterlassen*. Regensburg: Walhalla und Praetoria.

Haeusler, T., & Haeusler, J. (2012). *Netzgemüse; Aufzucht und Pflege der Generation Internet*. München: Goldmann.

5

Bitte um Hilfe und nimm sie an

In diesem Kapitel lernst Du, mit spontanen Veränderungen umzugehen, um Hilfe zu bitten und sie anzunehmen, wenn es nötig ist. Nimm Dir dafür Zeit. Jetzt!

Professionelle Hilfe anzunehmen, ist Zeichen von Mut und Stärke. Plötzliche Veränderungen wie ein Shutdown im März 2020 können Stress verursachen und uns aus der Bahn werfen oder einen Neubeginn einläuten. Entscheide selbst, wie Du damit umgehst.

In einem Interview von Prof. Rau mit Stefanie Lehmann stellt er die Frage, ob Veränderungen schnell gehen können. Manchmal ja. Darüber hinaus stellt Barbara Sher fest:

> Kreativität und Neues zu lernen, sind die besten Mittel gegen das Burnout-Syndrom. (Sher 2008, S. 92 f.)

© Der/die Autor(en), exklusiv lizenziert durch Springer Fachmedien Wiesbaden GmbH, ein Teil von Springer Nature 2021
P. Buchenau und S. Lehmann, *Der Anti-Stress-Trainer für Studierende*, Anti-Stress-Trainer,
https://doi.org/10.1007/978-3-658-32437-7_5

Spontane Planänderung? Manchmal ist es so. Isso – so sagt man in Ostwestfalen.

ISSO – nach Stefanie Lehmann – bedeutet:

- Inspiration und Ideen
- Suche und Selektion
- Sicherheit und Sonne ins Leben
- Orientierung und Outcome

5.1 Gute OpenBook-Klausuren dank Studium generale

Nehmen wir als Beispiel die sogenannten OpenBook-Klausuren, für die sich zum Beispiel die Apollon Hochschule in Bremen dank Coronapandemie im Frühjahr 2020 entschieden hat. Andere Hochschulen und Universitäten nennen sie Kofferklausuren. Du schreibst zu Hause an Deinem PC, statt in einem Hörsaal auf Papier. Zu einer vereinbarten Zeit kommt ein Dokument per E-Mail mit Fragen, die einer Fallaufgabe ähneln. Zur Verfügung stehen 180 min, mit oder ohne Videoüberwachung. Prima? Vielleicht.

Für OpenBook-Klausuren braucht man eine andere Vorbereitung. Das haben die Studierenden schnell begriffen. Wenn dieses Buch veröffentlich ist, dann fragst Du Dich vielleicht, was daran so neu ist. Blickst Du zurück auf das Frühjahr, dann war es neu. Wenn Du diese Zeilen liest, gehört es zum selbstverständlichen Alltag? Quasi im Akkord wird bei OpenBook-Klausuren unter enormen Zeitdruck geschrieben. Nachdenken? Nein. Runterschreiben. Spicken? Vielleicht mit Telefonjoker? Fehlanzeige. Dafür war die Zeit zu knapp. Wer schreibt, der bleibt? In diesem Fall ja, möglichst ohne Blackout und idealerweise im Flow, sonst war es nicht zu schaffen.

- Verloren haben diejenigen, die mit der Technik und Formatierung zu kämpfen hatten.
- Verloren haben diejenigen, die unsicher in Zeichensetzung, Grammatik und Rechtschreibung sind. Nochmal drüberlesen? Definitiv keine Zeit.
- Verloren haben auch alle, die ohne Literaturverwaltungsprogramm arbeiten. Zwar wurde auf Punktabzug für den nicht korrekten Zitierstil verzichtet, doch ohne mein gut gepflegtes Citavi hätte ich nicht alle Fragen beantworten können.
- Verloren haben Studierende, die sich selbst schlecht organisieren.
- Und verloren haben definitiv alle, die im Umgang mit dem PC keine Routine haben. Bitte denkt daran, das Dokument zunächst herunterzuladen, unter dem korrekten Namen um Matrikelnummer und Nachnamen ergänzt an einem sicheren Ort wie in einer Cloud zu speichern und die automatische Speicherung zur Datensicherung einzuschalten. Warum? Strom weg heißt durchgefallen, weil der Verlust nicht nur Stress verursacht, sondern der Verlust von Zeilen niemals wieder aufgeholt werden könnte.

Alle angesprochenen notwendigen Fähigkeiten gehören zum Studium generale, auch wenn Dir das gegebenenfalls noch nicht so klar war im Frühjahr 2020. In Zeiten von Corona vollziehen sich Veränderungen von jetzt auf gleich. Ob nun Shutdown am 16.03.2020 mit geschlossenen Unibibliotheken oder OpenBook-Klausurpremiere ab 16.05.2020: Packt es an und nutzt die Chancen, die sich in eurem Leben immer wieder aufs Neue eröffnen. Ob durch eine Pandemie, persönliche Krisen, berufliche Veränderungen oder familiäre Schicksale. Werde zum Pionier, statt an Veränderungen zu zerbrechen. Ein Leben im Hier und Jetzt, wie es Eckhart Tolle (2014) beschreibt, kann eine ganz neue Bedeutung bekommen.

Holt euch Unterstützung, zum Beispiel für Tipps im Umgang mit dem PC, gegen Schreibblockaden usw. Widmet euch den Kapiteln von Rechtschreibung, Zeichensetzung und Grammatik, auch wenn ihr es gruselig findet und eure Schulzeit am liebsten hinter euch lassen würdet. Widmet euch Grundlagen der Mathematik, wenn es euch für Statistik nützt.

Wenn ihr allein nicht weiterkommt, dann holt euch Hilfe. Bei Kommilitonen, professionellen Nachhilfe-lehrern oder Computerexperten, vielleicht auch bei qualifizierten Bürokaufleuten, die im Job täglich am PC arbeiten. Wenn fachliche Unterstützung nicht reicht, dann kann ein Ergotherapeut oder ein Organisations-profi helfen, Ordnung ins häusliche bzw. organisatorische Chaos zu bringen (Abb. 5.1).

Die Stressformel von Peter Buchenau zeigt auf, dass Du umso mehr Ressourcen, Sport und Bewegung, eine gute Ernährung und gegebenenfalls externe Unter-stützung benötigst, je größer die Anforderungen multi-pliziert mit hoher Intensität bzw. langanhaltender Dauer sind. Warum? Grundlagen der Mathematik. Das Verhält-nis sollte eher ausgeglichen sein, statt einen übermäßig hohen Zähler zu haben. Daher ist es nötig, den Nenner zu erweitern und zu vergrößern, wenn Du oberhalb vom Bruchstrich nicht bereit bist, Deine Ansprüche an Dich selbst zu reduzieren.

Wenn ihr merkt, dass die Gründe für eure Blockade viel tiefer liegen, dann zieht gegebenenfalls psychologische Unterstützung in Betracht. Viele Universitäten und Hochschulen bieten nicht nur eine Beratung zum Thema Prokrastination und Schreibblockaden an, sondern auch Sprechstunden für Fragen der Studierendenberatung, zum Beispiel seitens der Zentralen Studienberatung (ZSB), bei

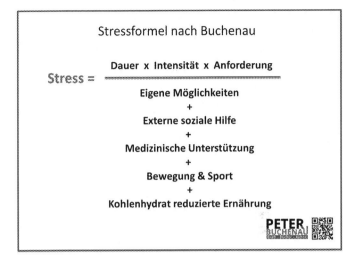

Abb. 5.1 Stressformel nach Buchenau

euren Fachschaften oder AStA. Oft gibt es auch sozial-psychologische Beratung in Krisensituationen bzw. für finanzielle Belange.

Übernimm die Verantwortung für Dich selbst

Werde kreativ

Notiere folgenden Satz oder eine ähnliche Formulierung, die Dir entspricht, am besten in großen, klaren Buchstaben, gern in schillernden Farben, wie auf einem Werbeplakat.
Ich, (Vorname und Nachname), bin der wichtigste Mensch in meinem Leben. Ich kümmere mich ab sofort um mich selbst, wie ich mich um einen lieben Freund sorgen würde.

Zum Ende ein Zitat eines Orthopäden, das sich zum Lebensmotto etablieren kann.

Es gibt immer noch mindestens einen anderen Weg (Dr. Alexander S. Strassburg).

Liebe jungen Wilden: Los geht es. Folgt diesem Leitsatz bzw. findet eigene kreative Wege und euer persönliches Motto. Wann immer Du das Gefühl hast, nicht weiterzukommen, vertraue darauf, irgendwo gibt es wunderbare Menschen, die Dich unterstützen – auch dann, wenn Du den Glauben daran schon (fast) aufgegeben hast. Mache es wie Thomas Edison und probiere so lange, bis Deine Glühbirne erleuchtet. Wecke die Veränderungskreativität© in Dir. Sie ist der Schlüssel zum persönlichen Wachstum, Gesundheit, Glück und Zufriedenheit im Leben.

Sich selbst zu achten, heißt, mit sich eine heimliche Liebesaffäre zu haben.
(Wayne Dyer, zitiert nach Wolf und Merkle 1993, S. 50)

5.2   Wenn Studium generale, Kommilitonen und fachliche Nachhilfe nicht reichen

Hast Du das Gefühl, in Deinem Leben ist gerade so richtig der Wurm drin? Findest Du Dich im Flipchart zu den zwölf Stufen des Burn-outs im gelben oder gar im roten Bereich? Dann ist es Zeit, Dir professionelle Hilfe zu holen. Erster Ansprechpartner kann Dein Hausarzt bzw. Deine Hausärztin sein. Beschreibe genau, was Dich gerade belastet. Hausärzte sind nicht nur Ansprechpartner für bellenden Husten, ekeligen Schnupfen und den gelben Schein für grippale Infekte in der Prüfungsphase, sondern haben einen ziemlich guten Überblick über alles und können Dich bei Bedarf gezielt weiterreichen an Fachärzte.

Wenn Dich Dein Hausarzt bereits lange Jahre kennt, dann ist für ihn gut einschätzbar, wie Du tickst. So lässt sich ein momentaner Ausnahmezustand sehr gut unterscheiden von Deinem sonst üblichen Verhalten sowie kurzfristigen bzw. chronischen gesundheitlichen Beeinträchtigungen.

Wenn Du ihm bzw. ihr gegenüber ehrlich bist und Dich anvertraust, dann kann Dir geholfen werden. Gerade die Feststellung, die Kontrolle über das eigene Leben zu verlieren, zum Beispiel durch einen persönlichen Schicksalsschlag oder permanenten Leistungsdruck, übertriebenen Perfektionismus und jahrelanger chronischer Überforderung braucht eine Menge Mut und Vertrauen. Nein, es ist nicht peinlich, sich Hilfe zu suchen. Ein gebrochener Zeh oder ein Bänderriss ist meistens auch nicht peinlich, es sei denn, es gibt interessante Begleitumstände wie das Laufen vor einen Schrank oder wenn die Bürgersteigkante Dich im völlig betrunkenen Zustand angegriffen hat oder ähnliches. Aber selbst dann wirst Du medizinische Hilfe in Anspruch nehmen, wenn Du nicht mehr richtig laufen kannst, oder? Jeder erfahrene Arzt hat in seiner beruflichen Laufbahn schon so einiges erlebt, auch wenn amüsante Anekdoten der ärztlichen Schweigepflicht unterliegen, sodass dazu niemand aus dem Nähkästchen plaudert.

5.3   Vorbeugen ist besser als heilen

Falls gesundheitlich gar nichts mehr geht, kann die Einweisung in eine Klinik hilfreich sein. Doch soweit muss es nicht kommen. Wenn es allerdings unvermeidbar ist, dann scheue Dich nicht, bei Bedarf auch diese Hilfe anzunehmen. Grundsätzlich meinen wir, dass in Deutschland zu wenig zum Thema Prävention getan wird. Achte daher genau auf Dich und Deine Bedürfnisse. Sei wachsam. Mit Ende Deines Studiums startest Du vermutlich erst richtig ins Berufsleben. Diese Lebensphase ist im Vergleich zu Deinem Studium deutlich länger. Nutze daher Deine Studienzeit, Dich gut vorzubereiten auf das, was Dich in Deinem Job erwartet. Ja, jetzt kommt noch der Satz vom lebenslangen Lernen. Was uns an dieser Stelle wichtiger ist: Du hast durch Dein Studium Arbeitsgewohnheiten etabliert, die Dich auch im Berufsleben weiter begleiten. Prüfe daher für Dich passende und hilfreiche Gewohnheiten. Scheue Dich nicht, Dinge zu hinterfragen und anders zu machen. Nichts ist auf Dauer in Stein gemeißelt. Alles hat seine Zeit. Lochkarten und Floppy Disk waren gestern. Wir sind seit einigen Jahren im Zeitalter des Internet angekommen. Es folgen künstliche Intelligenz und andere Errungenschaften.

Beuge vor und bleibe in Balance, wie auch immer die für Dich idealerweise aussehen mag.

Literatur

Sher, B. (2008). *Du musst dich nicht entscheiden, wenn du tausend Träume hast*. München: Dtv.

Tolle, E. (2014). *Leben im Jetzt: Das Praxisbuch*. München: Goldmann.

Wolf, D., & Merkle, R. (1993). *Gefühle verstehen, Probleme bewältigen: Eine Gebrauchsanleitung für Gefühle* (10. Aufl., S. 50). Mannheim: PAL.

6

Fazit

In diesem kurzen letzten Kapitel ist es Zeit für Dein und auch für unser Fazit sowie den Spickzettel.

Wie sieht Dein Fazit aus? Also für Dich persönlich? Was konntest Du mitnehmen aus diesem Buch? Nutze die nächste leere Seite und schreibe es Dir auf.

Wir wünschen Dir, dass Du gute Erkenntnisse für Dich gewonnen hast. Wenn Du magst, schreibe uns gern Deine Anregungen per E-Mail an buch@veraenderungskreativitaet.de, aber auch kritische Worte und Anhaltspunkte für das, was wir gegebenenfalls vergessen haben zu erwähnen, was eure schnelllebige Generation bewegt und umtreibt.

Uns hat die generationenübergreifende Arbeit sehr viel Spaß gemacht. Vielen Dank dafür. Wir freuen uns auf weiteren inspirierenden Austausch mit euch.

© Der/die Autor(en), exklusiv lizenziert durch Springer Fachmedien Wiesbaden GmbH, ein Teil von Springer Nature 2021
P. Buchenau und S. Lehmann, *Der Anti-Stress-Trainer für Studierende*, Anti-Stress-Trainer, https://doi.org/10.1007/978-3-658-32437-7_6

Unser Fazit für Dich sind die zwölf Erfolgskriterien aus Kap. 3 und die fünf daraus abgeleiteten Energieregeln aus Kap. 4, die wir jetzt noch weiter zusammengefasst haben für Schnellleser:

Spickzettel von Buchenau und Lehmann aus dem Anti-Stress-Trainer für Studierende

- Ich gebe jedem Tag eine Struktur
- Ich gönne mir regelmäßig Auszeiten.
- Ich sorge gut für mich.

=> Wochenplan

=> Freizeit, Entspannung und Erholung

=> Ich bin der wichtigste Mensch in meinem Leben.

- Ich schließe Frieden mit mir.
- Ich bewege mich an frischer Luft.
- Ich gestalte mir ein lebenswertes Umfeld.
- Ich gebe Burn-out und Bore-out keine Chance.

=> Ich führe mich selbst und später als Führungskraft (ggf.) auch andere.

- Ich lerne die Regeln wissenschaftlichen Arbeitens.
- Ich bin vertraut mit Office 365 und Citavi.
- Ich lebe meine Vision und setze mir MEINE Ziele.
- Ich überdenke meinen beruflichen Einstieg.
- Ich entwickle Managerfähigkeiten.
- Ich schmiede Pläne für meine Zukunft mit Studium generale, Master bzw. Auslandserfahrung.

=> Ich gehe meinen Weg.

Printed in the United States
By Bookmasters